Einfach kochen für Viele

Die Autorin dankt ihrer Familie und ihren
»kochseelenverwandten« Freunden.

Unser Verlagsprogramm finden Sie unter www.christian-verlag.de

Produktmanagement: Annika Genning
Textredaktion: Petra Tröger
Korrektur: Regina Jooß
Layout und Satz: Bernd Walcher, www.grafikdesign-walcher.de
Umschlaggestaltung: Bernd Walcher unter Verwendung von drei Illustrationen:
(www.fotolia.com/ultramarin; www.fotolia.com/blinkblink)
Repro: Repro Ludwig, Zell am See
Herstellung: Bettina Schippel

Texte und Rezepte: Ulrike Frot

Gesamtherstellung Verlagshaus GeraNova Bruckmann GmbH

Christian Verlag
Postfach 400209
80702 München
E-Mail: lektorat@verlagshaus.de

Die Deutsche Nationalbibliothek verzeichnet diese Publikation in
der Deutschen Nationalbibliografie; detaillierte bibliografische Daten
sind im Internet über http://dnb.d-nb.de abrufbar.

ISBN 978-3-86244-498-4

Bücher zum Sattlesen

© Manuela Rüther

Willkommen zu Hause

CHRISTIAN

Giorgio Locatelli
Sizilien. Das Kochbuch

Giorgio Locatelli präsentiert in diesem Werk Siziliens Kochkunst so, wie er sie liebt: klassisch, pur und einfach.

424 Seiten, 250 Farbfotos
19,1 x 26,9 cm, Hardcover
ISBN 978-3-86244-152-5
€ (A) 41,10
€ 39,95 sFr. 53,90

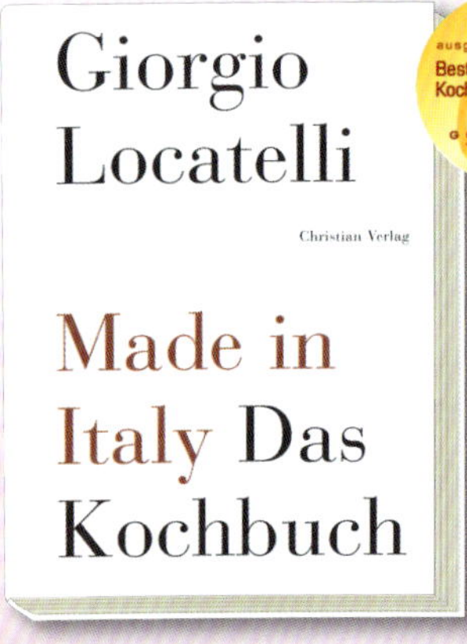

»Ich kenne niemand, der so unterhaltsam wie Giorgio Locatelli über Produkte schreibt.«

essen & trinken

Made in Italy
Das Kochbuch

Das Kochbuch vom »besten italienischen Koch« *(TIME Magazine)* für alle Freunde der echten italienischen Küche. Mit 200 Rezepten, umfassender Warenkunde und vielen Profi-Tipps.

624 Seiten, 533 Farbfotos
20,5 x 28,5 cm, Hardcover
ISBN 978-3-88472-799-7
€ (A) 41,10
sFr. 53,90 **€ 39,95**

Echt Südtirol!
85 Rezepte aus der Bergbauernküche

224 Seiten, 230 Farbfotos
18,0 x 25,7 cm, Hardcover
ISBN 978-3-86244-091-7
€ (A) 25,70
sFr. 34,90 **€ 24,95**

Mamma Maria!
Familienrezepte aus Sizilien

224 Seiten, 230 Farbfotos
18,0 x 25,7 cm, Hardcover
ISBN 978-3-88472-948-9
€ (A) 25,70
sFr. 34,90 **€ 24,95**

Echt griechisch!
Familienrezepte von Mama Anastasía

224 Seiten, 280 Farbfotos
18,0 x 25,7 cm, Hardcover
ISBN 978-3-86244-136-5
€ (A) 25,70
sFr. 34,90 **€ 24,95**

Ulrike Frot

Einfach kochen für Viele

55 Rezepte, wenn Gäste mit großem Hunger kommen ...

CHRISTIAN

INHALTSVERZEICHNIS

EINLEITUNG

Stressfrei kochen, auch wenn's am Esstisch voll wird

Wer öfter für viele Leute kocht, wer für die Familie oder die alljährliche Weihnachtsfeier der Zeltlagerfreunde seinen kulinarischen Beitrag leisten will, weiß, dass nicht nur »viel einkaufen« auf dem Plan steht. Auch wenn man zugesagt hat, für eine Party mit zahlreichen Gästen ein Gericht oder Dessert beizusteuern, muss man sich gut überlegen, welches Gericht man zum Gastgeber transportieren kann, ohne dass es zerläuft, bzw. ob es dort noch kurz in die Mikrowelle gestellt werden kann. Wenn für die mehrköpfige Familie gekocht wird, ist es unter der Woche häufig so, dass alle nach der Schule oder der Arbeit zu verschiedenen Zeiten zuhause eintrudeln. Oder der »Koch für Viele« überhaupt nicht anwesend ist, weil er noch einen anderen »Arbeitsplatz« außer demjenigen am heimischen Herd hat …

Sofern dann ein riesiger Topf mit Chili con carne (vielleicht bereits am Vortag zubereitet, weil da mehr Zeit war? Oder eines, das am Morgen noch eingefroren in den Topf kam?) auf dem Herd steht und sich jeder suppenkellenweise davon die gewünschte Menge nehmen kann, ist der »Koch für Viele« schon auf der sicheren Seite. Ohne die quengelige Frage: »Wie lange dauert es noch?« Auch die verschlafenen Gäste der Teenagerkinder, die unerwartet über Nacht geblieben sind und erst gegen Mittag einer nach dem anderen nur langsam »in die Gänge kommen« freuen sich, wenn sie sich nur noch bedienen müssen.

Für solche Fälle und auch wenn auf der Party nicht abzusehen ist, wann denn das Büffet eröffnet wird, ist es sehr praktisch, ein Gericht zuzubereiten, das sowohl heiß als auch lauwarm oder sogar kalt schmeckt, wie etwa der Zwiebelkuchen auf Seite 140. Eine Riesenportion Salat kann man auch schon gewaschen und klein geschnitten in einer Schüssel im Kühlschrank aufbewahren. Eine Auswahl verschiedener (selbstgemachter) aromatischer Vinaigrettes für die unterschiedlichen Geschmäcker in der Familie können an einem ruhigen Tag hergestellt und in kleinen Flaschen als Vorrat aufbewahrt werden. Wenn man also einmal viel Zeit und Muße hat, sollte man sich daran machen, die Lieblingsgerichte der Hungrigen im Voraus zu kochen und in praktischen Portionspackungen einzufrieren. Dann kann der eine oder andere Überraschungsgast problemlos mit verköstigt werden.

Versuchen Sie das eine oder andere Gericht aus meinem durch viele der genannten Gelegenheiten reichlich über die Jahre gewachsenen Rezeptkästchen!

Ulrike Frot

GUT ZU WISSEN

(Koch-)Tipps und Tricks, wie alle satt und zufrieden werden

REZEPTE, WENN GÄSTE MIT GROSSEM HUNGER KOMMEN ...

The Premium QUALITY

menu

EINKAUFEN FÜR VIELE

So geht's

Wenn der Hunger groß ist und gestillt werden will, wenn überraschend hungrige Gäste vor der Tür stehen, bleibt meist keine Zeit mehr für einen entspannten Einkauf. Schnelligkeit ist angesagt und das Ganze klappt nur, wenn man grundsätzlich gut vorbereitet ist. Dazu sollten bestimmte Grundzutaten immer im Haus vorhanden sein: Nudeln, Mehl, Gewürze etc. Zu teuer sollten diese Basis-Lebensmittel auch nicht sein, daher sind auch mal Hamsterkäufe bei Sonderangeboten angesagt. Viele meiner Rezepte enthalten Zutaten mit relativ langer Haltbarkeitsfrist (etwa eingeschweißter Roquefort oder geräucherter Schinken).

Nicht nur praktisch sind Kräutertöpfchen wie Rosmarin, Thymian und Basilikum, die für viele der Rezepte in diesem Buch jederzeit frische Kräuter liefern. Sie

dienen auch als eine hübsche Dekoration für's Küchenfensterbrett oder den Balkon.

Für Zutaten, die ganz frisch sein müssen, wie Fleisch, ist hoffentlich immer noch genügend Zeit, schnell zum Metzger zu laufen.

FRISCH AUF DEN TISCH

Satisfaction GUARANTEED

Aus der Gefriertruhe

Das Tiefkühlen stellt eine sehr gute Art der Vorratshaltung dar, da Gemüse und Obst dabei kaum Vitamine und Nährstoffe verlieren und trotzdem lange haltbar bleiben. Zur Erntezeit, wenn das Gemüse jung, nährstoffreich und preiswert ist, können Erbsen, Spinat und vieles mehr gut eingefroren werden. Bis auf Spargel, der geschält direkt eingefroren wird, sollte jedes andere Gemüse vorher wenige Minuten blanchiert werden. Auch Tomatenpüree aus reifen Tomaten, kleingeschnittene Kräuter und gewaschene, rohe Früchte eignen sich für die Gefriertruhe (wobei Beeren dabei etwas weich werden, ihren hervorragenden Geschmack aber behalten). Nur sehr wasserreiches Gemüse wie Gurken und ganze Tomaten büßen durch das Gefrieren ihre Konsistenz vollkommen ein und sind danach nicht mehr bekömmlich.

Auch viele der Gerichte aus diesem Buch können, einmal zubereitet, eingefroren und später im Backofen oder in der Mikrowelle wieder erhitzt werden. Eingefrorenes Gemüse und Obst kann etwa 10 Monate

in der Gefriertruhe aufbewahrt werden, selbstgekochte Gerichte sollten schon nach 3 Monaten verzehrt werden. Es ist ratsam, auf den Päckchen Inhalt und Einfrierdatum zu vermerken. So erkennen Sie auf einen Blick, worum es sich handelt und ob das Eingefrorene noch genießbar sein sollte.

KÜCHEN-UTENSILIEN

Echte Must-Haves

Für die Rezepte in diesem Buch benötigen Sie ein paar grundlegende Utensilien: Auflaufform(en), ein Sieb zum Abtropfen, eine Springform, verschiedene scharfe Messer und eine Reibe. Mit einem Stabmixer können Suppen püriert oder aufgeschäumt werden. In Mixbechern ist mit dem Stabmixer auch schnell eine Sauce, ein Püree oder eine Mayonnaise gemixt. Töpfe und Pfannen aus Edelstahl oder Gusseisen mit hitzebeständigen Griffen können sogar im Backofen benutzt werden. Das absolute Muss in jeder Küche ist eine Pfeffermühle mit einem guten Mahlwerk für frisch gemahlenen Pfeffer.

Sehr große Töpfe für große Zutatenmengen sind nicht in jedem Haushalt vorhanden. Wenn Sie oft viele Esser bekochen, wäre eine solche Anschaffung sicher ratsam, oder aber Sie leihen sich von Freunden zusätzliche Töpfe und Pfannen aus und bereiten parallel zwei normal große Portionen zu. Eventuell können Sie sich auch eine separate Kochplatte borgen, wenn die Kapazität Ihres Herdes ausgeschöpft ist.

Wenn viel Gemüse geschnippelt, oft Teig gemacht und häufig für viele gekocht wird, lohnt sich außerdem die Anschaffung einer Küchenmaschine.

Macht man oft Nudeln selber, lohnt sich der Kauf einer Nudelmaschine, mit der man frische Pasta in allen Variationen von Spaghetti bis Lasagneplatten zubereiten kann. Die Qualität der Zutaten kann selbst bestimmt werden, wodurch die Pasta dann auch um ein Vielfaches besser schmeckt. Es empfiehlt sich allerdings ein Modell aus Metall, da die nicht so schnell kaputtgehen.

DER KÜHLSCHRANK

Dein cooler Freund

Der Kühlschrank hält für einige Tage nach dem Großeinkauf alle zu kühlenden Lebensmittel (Gemüse, Fleisch, Milchprodukte) frisch. Damit sich alles gut bis zum bevorstehenden Besuch hält, ist es wichtig, den Kühlschrank richtig einzuräumen. Grundsätzlich gilt: Unten ist die Kühlschranktemperatur niedriger als im oberen Bereich.

Ganz oben können sehr gut Käse und andere länger haltbare Lebensmittel gelagert werden. Im mittleren Fach werden am besten alle anderen Milchprodukte aufbewahrt. Im untersten, kältesten Fach halten sich Fleisch und Fisch gut. In der Gemüseschublade werden, wie der Name schon sagt, Gemüse, Salat und Obst aufbewahrt.

Salat hält sich am besten, wenn er gewaschen und trocken in ein feuchtes Tuch oder einen verschlossenen Behälter gegeben wird. Obst und Gemüse werden ungeschält aufbewahrt. Gemüse sollte mit einem feuchten Baumwolltuch bedeckt werden. Südfrüchte einige Zeit vor dem Servieren aus dem Kühlschrank nehmen, damit sie ihr Aroma entfalten. Bananen wer-

den bei Zimmertemperatur gelagert. Äpfel sollten nicht mit anderen Früchten zusammen aufbewahrt werden, da sie deren Reifeprozess beschleunigen.

Käse sollte für das Entfalten seines würzigen Aromas etwa 1 Stunde vor dem Verzehr aus dem Kühlschrank genommen werden.

Frische Kräuter werden in Alupapier gewickelt im Kühlschrank aufbewahrt. Auf diese Weise sind sie etwa eine Woche lang haltbar.

Ist einmal das perfekte Rezept für eine Vinaigrette gefunden, kann man sie in einer Flasche im Kühlschrank einige Zeit lang aufbewahren und muss sie nicht immer neu anrühren.

TIMING

Darauf kommt's an

Sind einmal alle Zutaten eingekauft, kühl gestellt und sachgerecht untergebracht, geht es ans Kochen, doch auch das will gut geplant sein. Ein paar Tipps und Tricks schonen die Nerven des Kochs und die der hungrigen Gäste.

Kleingeschnittenes und gehacktes Gemüse kann Stunden zuvor im Kühlschrank »geparkt« werden. Über geputzte, in Scheiben geschnittene Champignons wird etwas Zitronensaft geträufelt, damit sie nicht braun werden. Das Gleiche gilt für Avocados.

Viele der Rezepte in diesem Buch sind so ausgelegt, dass sie am Vortag schon zubereitet werden können (z. B. Tiramisu), oder auf Vorrat gemacht und praktischerweise eingefroren werden können. Ein Gericht wie Chili con Carne schmeckt am Tag nach der Zubereitung vielleicht sogar besser und ist schnell aufgewärmt. Der Zwiebelkuchen von Seite 140 kann auch kalt gegessen oder aufgewärmt werden. Außerdem kann man ihn in kleine Dreiecke schneiden und diese auf einer Platte serviert zum Aperitif reichen.

DIE PERFEKTE DEKO

Einfach und schnell

Mit Farben kann bei der Tischdeko jede gewünschte Stimmung erzeugt werden: von elegant mit Schwarz- oder Brauntönen über verspielt mit Rosa- und Fliedertönen, oder für einen bunten Pastaabend rot-grün-weiß. Alte Tischdecken kann man gut mit Textilfarbe aus der Drogerie einfärben.

Schlichte weiße Übertöpfe für Kräutertöpfchen können mit einem naturfarbenen Bast umwickelt werden. Diese platziert man in der Mitte des Tisches oder auf einem Büffet, wo die Kräuter ihren köstlichen Duft verströmen.

Im Herbst krönt je eine große Hortensienblüte einen kleinen Übertopf. Außerdem gibt es in der Natur Dekoelemente in reicher Fülle: Beerenzweige, Kastanien, buntes Laub. Zusammen mit Zimtstangen und Sternanis sieht dies auf einem Tisch einladend herbstlich aus. Die Kürbissuppe von Seite 56 kann dann auch in einem großen, ausgehöhlten Kürbis serviert werden.

Im Winter können Übertöpfe mit Tannen- und Kiefernzweigchen gefüllt werden, an denen winzige Spiegelperlen hängen. Kleine rote Äpfel und Kiefernzapfen erinnern an das vor der Tür stehende Weihnachten. Etwas Moos aus dem Wald, Haselnüsse, Walnüsse, mit Nelken gespickte kleine Orangen und Teelichter runden das farbenfrohe Bild ab. Wenn der Weihnachtsbaum schon steht, ist es besonders schön, auf dem Tisch die Farben der Christbaumdekoration aufzunehmen.

Vor

REZEPTE, WENN GÄSTE MIT GROSSEM HUNGER KOMMEN ...

The Premium Quality

speisen

menu

Rezept für 6 Personen
10 Minuten Arbeit

Bärlauchaufstrich – frisches Grün für den kleinen Snack

Die Sahne mit dem Rührgerät steif schlagen.

Die Bärlauchblätter abspülen, trocken schütteln und sehr fein hacken. Den Bärlauch mit dem Sahnequark und dem Schmand verrühren. Anschließend mit Zitronensaft und Salz abschmecken.

Die geschlagene Sahne vorsichtig unterheben.

Den Aufstrich auf Schwarzbrotscheiben oder gewürztem, dunklem Brot servieren.

Tipp: Bärlauch kann man auch selbst frisch im Frühjahr pflücken. Dabei unbedingt darauf achten, ihn nicht mit Maiglöckchenblättern zu verwechseln, da diese giftig sind.

150 ml	Sahne
75 g	frischer Bärlauch
300 g	Sahnequark
150 g	Schmand
Saft von	1 Zitrone
	Salz

BRUSCHETTA – der italienische Klassiker

1–2	Baguettes
5	mittelgroße, reife Tomaten
1 Bund	frisches Basilikum
4	mittelgroße Knoblauchzehen
2	Schalotten
3 EL	Balsamicoessig
6 EL	Olivenöl
	Salz
	Pfeffer

Rezept für 6 Personen
10 Minuten Arbeit

1 Den Backofen auf 180 °C Ober-/Unterhitze vorheizen.

2 Das Baguette schräg in Scheiben schneiden und diese im Backofen oder im Toaster leicht bräunen.

3 In der Zwischenzeit die Tomaten waschen, vierteln, die Kerne entfernen und das saftige Tomatenfleisch in sehr kleine Würfel schneiden. Die Basilikumblättchen abspülen, trocken schütteln und bis auf ein paar Blätter sehr fein hacken. Den Knoblauch abziehen, die Schalotten putzen und beides in sehr kleine Würfel schneiden. Alles mit den Tomatenwürfeln locker mischen.

4 Balsamicoessig, Olivenöl, Salz und Pfeffer dazugeben, einige Minuten ziehen lassen. Die überschüssige Flüssigkeit abgießen; diese nach Belieben für eine Tomatensauce aufheben.

5 Die marinierten Tomaten und Knoblauchstückchen mit den Schalotten auf die gerösteten Baguettescheiben geben. Diese mit dem restlichen Basilikum garnieren.

Tipp: Anstatt nur kleiner Häppchen einfach ein ganzes Sandwich mit den marinierten Tomaten belegen.

Rezept für 6 Personen
10 Minuten Arbeit

Grüner Spargel
mit Balsamicoessig und Parmesan

Den Spargel nur im unteren Drittel schälen, dabei die holzigen Enden abschneiden.

Die grünen Spargelstangen in Salzwasser in etwa 4–6 Minuten al dente garen, abtropfen lassen und auf die Teller geben.

Kürbiskernöl, Balsamicoessig, Salz und Pfeffer in einer kleinen Tasse verrühren, abschmecken und das Dressing dann über die Spargel träufeln. Den Parmesan in groben Spänen darüberhobeln.

Am besten mit Parmaschinken oder Lachsscheiben sowie frischem Baguette servieren.

Tipp: Grüner Spargel ist so wunderbar schnell fertig und schmeckt knackig gegart am besten. Er sollte auf keinen Fall zu weich sein!

750 g grüner Spargel
4 EL Kürbiskernöl
2 TL Balsamicoessig (alternativ: Crema di Balsamico)
Salz
frisch gemahlener schwarzer Pfeffer
frisch geriebener Parmesan

Kochen ist
keine Kunst,
essen muss
man es können.
Hundred
GUARANTEED

Hundred Percent
Satisfaction
GUARANTEED

Gefüllte Datteln

30 möglichst große Datteln, mit Stein
30 g Parmesan
30 dünne Scheiben Schwarzwälder Schinken

Rezept für 6 Personen
10 Minuten Arbeit
plus 10 Minuten Bratzeit

1 Den Backofen auf 210 °C Ober-/Unterhitze vorheizen.

2 Den Parmesan in kleine Stücke, etwa so groß wie die Steine der Datteln, schneiden.

3 Die Datteln vorsichtig auf einer Seite mit einem scharfen Messer der Länge nach aufschneiden und den Stein entfernen.

4 An die Stelle des Steins ein gleich großes Stück Parmesankäse geben, die Dattel zudrücken und mit jeweils einer Scheibe vom Schwarzwälder Schinken umwickeln. Mit einem Zahnstocher feststecken.

5 Ein Backblech mit Backpapier auslegen und die gefüllten Datteln daraufgeben. Das Backblech auf der obersten Schiene in den Ofen schieben. Die Datteln auf jeder Seite etwa 5 Minuten braten, bis der Schinken leicht kross ist.

Tipp: Die Datteln sind ganz frisch aus dem Ofen sehr heiß; am besten schmecken sie, wenn sie ein wenig ausgekühlt sind, aber noch nicht ganz kalt. Die hungrigen Gäste müssen sich so lange noch zurückhalten!

SPARGEL

gehüllt in Crêpes mit Sauce hollandaise

18	Stangen Spargel

Für die Sauce hollandaise:

2 EL	Weißweinessig
	Salz
3	Eigelb
300 g	Butter, in Stücke geschnitten
	Pfeffer
	Zitronensaft zum Abschmecken

Für die Crêpes:

150 g	Mehl
300 ml	Milch
3	Eier
1 Prise	Salz
	Butter zum Ausbacken

Rezept für 6 Personen
35 Minuten Arbeit

1 Den Spargel gründlich schälen, die Enden abschneiden. Die Stangen in einen großen Topf mit kochendem, gesalzenem Wasser geben und in etwa 20 Minuten gar kochen.

2 Für die Sauce hollandaise in einem Topf den Essig, Salz und etwa 3 EL Wasser bis auf 1 EL Flüssigkeit einkochen. Unter ständigem Schlagen mit dem Schneebesen das Eigelb dazugeben und rühren, bis die Masse hell und dick wird. Nur so viel Hitze zuführen, dass das Ei nicht gerinnt. Stückchenweise die Butter darunterschlagen. Mit Salz, Pfeffer und Zitronensaft abschmecken.

3 Für die Crêpes alle Zutaten in eine große Schüssel geben und mit dem Rührgerät vermischen, bis ein dünnflüssiger, glatter Teig entsteht.

4 Etwas Butter in eine beschichtete Pfanne geben und zerfließen lassen. Jeweils eine Suppenkelle Teig in die Pfanne geben und die Crêpes einzeln jeweils in etwas Butter bei mittlerer Hitze von beiden Seiten goldbraun braten.

5 Die fertigen Crêpes auf die Teller verteilen, den Spargel darauflegen und die Sauce hollandaise darübergießen. Die Crêpes nach Belieben leicht zusammenrollen und nochmals Sauce über die Crêpes gießen, nach Belieben mit Tomatenstückchen garnieren.

Tipp: Für die süße Variante anstelle von Salz etwas Zucker in den Teig geben. Zum Bestreichen fruchtige Konfitüre, Schokoladencreme oder Eis ausprobieren! Wer die Crêpes als Snack lieber mag, der kann sie mit je einer Scheibe gekochten Schinken und Käse füllen. Die Crêpes können, ohne Füllung, auch sehr gut eingefroren und bei einem »Überfall« der hungrigen Gäste schnell aufgetaut werden.

GEFÜLLTE KARTÖFFELCHEN mit Lachs

450 g	(ca. 8 Stück) sehr kleine, festkochende Kartoffeln
4	Zweige Thymian
4	Lorbeerblätter
120 g	Räucherlachs
1 Bund	frischer Schnittlauch
75 ml	Sahne
	Salz

Rezept für 6 Personen
25 Minuten Arbeit
plus 20 Minuten Kochzeit

1 Die sauberen, gut abgebürsteten, jedoch nicht geschälten Kartoffeln zusammen mit dem Thymian und dem Lorbeer in einen Topf mit Salzwasser geben und gar kochen.

2 In der Zwischenzeit den geräucherten Lachs mit einem scharfen Messer in kleine Würfel von etwa 3 mm Kantenlänge schneiden. Den Schnittlauch in sehr kleine Röllchen schneiden. Für die Dekoration dabei je zwei Schnittlauchhalme pro Kartoffelhälfte (also etwa 32) mit einer Länge von ungefähr 2 cm beiseitelegen.

3 Die garen Kartoffeln abgießen und etwas abkühlen lassen. Die Kartoffeln längs in der Mitte halbieren und jeweils am Boden so abschneiden, dass die Kartoffelhälften auf einem Teller aufrecht stehen bleiben können.

4 Mit einem Melonenausstecher oder einem scharfen Löffel etwas Kartoffelmasse aus den Kartoffelhälften entnehmen und somit in den Kartoffelhälften Mulden bilden. Die Kartoffelmasse beiseitestellen.

5 In einer Schüssel die Lachswürfel, die Sahne, die ausgekratzte Kartoffelmasse, die vorbereiteten Schnittlauchröllchen und etwas Salz miteinander verrühren und vorsichtig die Kartoffelmulden damit füllen. Die längeren Schnittlauchhalme als Dekoration in die Masse stecken und die gefüllten Kartöffelchen auf einer großen Platte servieren.

Tipp: Macht sich sehr stylish auf dem Büfett! Sicherlich ist die Herstellung der Kartoffelhälften etwas zeitaufwendiger, doch das Ergebnis lohnt die Mühe.

Hundred Percent
Satisfaction
GUARANTEED
The
Premium
QUALITY

Hundred
percent
Satisfaction
GUARANTEED
The
Premium
QUALITY

SOMMER-GEMÜSESALAT mit Feta

1	Aubergine
	Salz
6	große Tomaten
1	Salatgurke
1	grüne Paprika
1	gelbe Paprika
1	Zucchini
300 g	Feta
1	große rote Zwiebel
einige	Zweige frischer Rosmarin
einige	Zweige frischer Oregano
einige	Zweige frischer Thymian
	8 EL Olivenöl und etwas zum Anbraten
	Saft von 1 Zitrone
	frisch gemahlener schwarzer Pfeffer
150 g	entsteinte schwarze Oliven

Rezept für 6 Personen
25 Minuten Arbeit

1 Die Aubergine waschen, trocken tupfen und dann der Länge nach in etwa 1 cm dicke Scheiben schneiden. Die Scheiben auf ein Abtropfbrett setzen und mit Salz bestreuen. Wenn sie nach etwa 20 Minuten Wasser gezogen haben, die Auberginenscheiben unter fließendem Wasser abspülen und in Würfel von 1 cm Kantenlänge schneiden.

2 In der Zwischenzeit die Tomaten waschen, achteln und die Stielansätze entfernen. Die Salatgurke grob schälen, der Länge nach vierteln und in Würfel schneiden. Beide Paprikaschoten waschen und das Kerngehäuse entfernen, die Paprika in Streifen schneiden. Die Zucchini grob schälen und in dünne Scheiben schneiden. Den Feta würfeln, die Zwiebel schälen und in dünne Ringe schneiden, beiseitestellen. Rosmarin, Oregano und Thymian klein hacken.

3 Paprikastreifen, Zucchinischeiben und Auberginenwürfel nacheinander in einer Pfanne mit etwas Olivenöl anbraten, die Kräuter dazugeben. Alles in eine große Auflaufform geben und dort abkühlen lassen.

4 In einer Tasse den Zitronensaft gut mit Salz und Pfeffer vermischen, dann 8 EL Olivenöl dazugeben und das Dressing über den Salat verteilen. Ebenso die Fetawürfel, roten Zwiebelringe und Oliven über den Salat verteilen.

Den Salat mit frischem Baguette oder Pitabrot servieren.

Tipp: Eine aparte Note bekommt das Dressing mit 1 Prise gemahlenem Zimt. Der Salat schmeckt auch am nächsten Tag noch – falls die Gäste noch etwas übrig gelassen haben.

Rezept für 6 Personen
10 Minuten Arbeit

Steak Tatar
für echte Kerle

Die Schalotten schälen und sehr fein würfeln. Die Kapern abtropfen und klein hacken. Die Blätter von der Petersilie zupfen und klein schneiden. Alles gut miteinander vermischen, abschmecken. Beiseitestellen, unterdessen alle Zutaten für das Dressing vermischen.

Erst unmittelbar vor dem Servieren das Dressing mit dem Rinderhackfleisch gut mit einer Gabel durchmischen (alternativ die verschiedenen Zutaten auf den Tisch stellen und jeder bedient sich, je nach Geschmack, selbst).

Zum Servieren das vorbereitete Tatar in der Mitte eines großen Tellers anrichten, mit einem Esslöffel eine kleine Mulde formen und ein rohes Eigelb hineingeben.

Tipp: Eine schnelle Beilage sind Pommes frites aus der Gefriertruhe. Alternativ sind Ofenkartoffeln oder frisches Brot auch sehr gute Begleiter. Schön serviert ist das Steak Tatar auch auf einem großen Salatblatt. Nicht nur Bier schmeckt übrigens zu diesem »Männergericht«, sondern auch ein kräftiger weißer oder roter Burgunder.

2	Schalotten
1 TL	Kapern (Glas)
einige	Stängel glatte Petersilie
	Salz
	frisch gemahlener schwarzer Pfeffer
300 g	Tatar (vom Metzger vorbereitet)

Für das Dressing:

1 TL	Worcestersauce
1 EL	Senf
1 TL	Tomatenmark
1 Schuss	Cognac
1	Eigelb

strong

Rezept für 6 Personen
30 Minuten Arbeit

Nudelsalat
mit Schinken und Roquefort

In einem großen Topf mit Salzwasser die Tagliatelle al dente garen.

In der Zwischenzeit die Schalotten und die Zwiebeln schälen, beides in feine Ringe schneiden. Die Knoblauchzehen fein hacken. Den Roquefort in kleine Würfel schneiden.

In einer beschichteten Pfanne den Speck ohne Fett rösten. Die krossen Scheiben kurz abkühlen lassen und in kleine Stücke schneiden.

Im ausgetretenen Fett des Specks die Walnüsse Farbe nehmen lassen; dabei die Hitze nicht zu hoch regeln.

Alle vorbereiteten sowie alle weiteren Zutaten miteinander vermischen und mit Salz und Pfeffer abschmecken.

Die garen Tagliatelle abgießen und mit der Sauce kurz ziehen lassen. Dazu einen kräftigen Weißwein servieren.

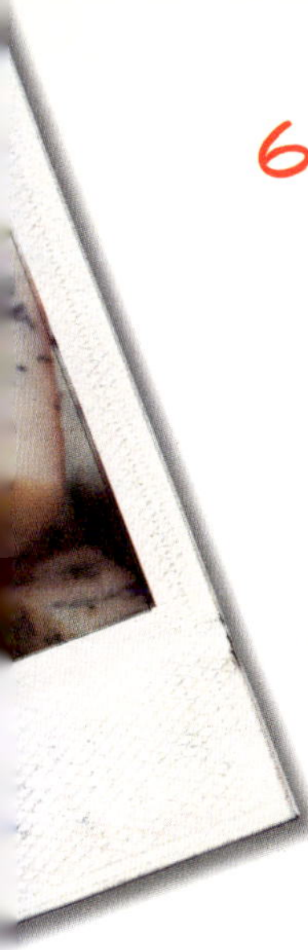

600 g	grüne Tagliatelle
	Salz
2	Schalotten
2	kleine rote Zwiebeln
2	Knoblauchzehen, geschält
150 g	Roquefort
6	Scheiben Schinkenspeck
75 g	Walnüsse
5 EL	Weißweinessig
120 ml	Walnussöl
2 EL	glatte Petersilie, gehackt
	Pfeffer

delicious

Der Hunger treibt den Wolf aus dem Wald.

Honoré de Balzac

100%
Quality
Inspected
GUARANTEED

Rezept für 6 Personen
25–30 Minuten Arbeit

Brokkolicremesuppe mit Bacon

Die Brokkoliröschen vom Strunk abtrennen und in einem großen Topf mit kochendem Salzwasser weich kochen. Die garen Röschen abtropfen lassen, unter fließendem kaltem Wasser abschrecken und beiseitestellen.

Die Sahne steif schlagen. Den Bacon in feine Streifen schneiden.

Die Gemüsebrühe zum Kochen bringen und die Brokkoliröschen für wenige Minuten hineingeben, anschließend alles pürieren. Mit Salz und Pfeffer abschmecken. In das Püree die Hälfte der geschlagenen Sahne einrühren.

Die Suppe in Suppenschüsseln geben und den Bacon dazugeben. Pro Portion 1 EL geschlagene Sahne in die Mitte der Suppe geben und den Sahneklecks mit frisch gemahlenem Pfeffer bestreuen. Mit gerösteten Baguettescheiben servieren.

750 g	Brokkoli
	Salz
150 ml	Sahne
3	Scheiben Bacon
600 ml	Gemüsebrühe
	frisch gemahlener schwarzer Pfeffer
	geröstete Baguettescheiben

easy

FRANZÖSISCHE Zwiebelsuppe

12	dünn geschnittene Scheiben Baguette
	etwas Olivenöl
600 g	Gemüsezwiebeln
90 g	Butter
2	Lorbeerblätter
3 EL	Mehl
1,5 l	Gemüsebrühe
500 ml	trockener Weißwein
	frisch gemahlener Pfeffer
	Salz
150 g	Emmentaler, gerieben

Rezept für 6 Personen
60 Minuten Arbeit

1. Den Backofen auf 180 °C Ober-/Unterhitze vorheizen.

2. Ein Backblech mit Backpapier auslegen und die Brotscheiben darauf hellbraun rösten. Dann das Blech herausnehmen, die Scheiben umdrehen und jeweils mit etwas Olivenöl beträufeln. Das Blech wieder in den Ofen geben und rösten, bis das Brot knusprig braun ist. Anschließend herausnehmen und abkühlen lassen.

3. In der Zwischenzeit die Zwiebeln schälen und in dünne Scheiben schneiden. Die Butter in einem großen Topf erhitzen und die Zwiebeln mit dem Lorbeerblatt hinzufügen. Unter Rühren bei sanfter Hitze goldbraun werden lassen.

4. Das Mehl über die Zwiebeln stauben und diese leicht anbräunen. Mit der Brühe ablöschen, in etwa 10 Minuten etwas einkochen lassen und dann den Wein dazugeben. Den Deckel halb auf den Topf legen und die Suppe 30 Minuten köcheln lassen. Mit reichlich Pfeffer und wenig Salz abschmecken. Bei Bedarf noch etwas Wein zugießen.

5. Die Suppe in ofenfeste Schälchen füllen, mit dem gerösteten Brot belegen und mit dem geriebenen Käse bestreuen.

6. Im Backofen überbacken, bis der Käse zerlaufen ist (ca. 10–15 Minuten). Für eine intensivere braune Kruste einige Minuten die Grillfunktion des Ofens einschalten.

Tipp: Kurz nach den Zwiebeln eine fein gehackte oder durch die Presse gedrückte Knoblauchzehe zur Butter geben.

Pürierte Gemüsesuppe mit Einlage

2	große Zwiebeln
6	große Kartoffeln
350 g	Suppengrün
2 EL	Öl
1 l	heiße Gemüsebrühe
	Salz
	Cayennepfeffer
6 Paar	Wiener Würstchen

Rezept für 6 Personen
25 Minuten Arbeit

1 Die Zwiebeln und die Kartoffeln schälen, beides in kleine Würfel schneiden. Das Suppengrün putzen und ebenfalls in kleine Würfel schneiden.

2 Das Öl in einem Topf erhitzen und das gesamte Gemüse hineingeben. Unter Rühren kurz anbraten. Mit der Gemüsebrühe aufgießen und etwa 15 Minuten kochen lassen. Pürieren und mit Salz und Cayennepfeffer abschmecken.

3 Die Wiener Würstchen in kleine Stücke schneiden und abschließend nur zum Aufwärmen für einige Minuten in die Suppe geben.

Tipp: Als Einlage passen auch Debrecziner oder gebratene Speckwürfel sehr gut.

Gute Gesellschaft verdoppelt das Glück des einzelnen.

CERTIFIED
Genuine
Product
SPECIAL OFFER
LIMITED
EDITION
QUALITY INSPEC

Rezept für 6 Personen
40 Minuten Arbeit

Kürbissuppe mit Curry

Den Kürbis schälen (beim Hokkaidokürbis entfällt das Schälen), die Kerne entfernen und das Fruchtfleisch in grobe Stücke schneiden. Die Kartoffeln sowie die Zwiebel schälen und in Stücke schneiden.

In einem großen Topf das Gemüse in dem Öl anbraten. Etwas Currypulver darüberstauben und mit der Gemüsebrühe aufgießen. Einmal stark aufkochen und dann köcheln lassen, bis das Gemüse weich ist.

Den Topf vom Herd nehmen und die Kürbissuppe pürieren. Die Kokosmilch unterrühren und nochmals erhitzen. Abschließend mit den Gewürzen abschmecken.

Tipp: Die Suppe mit gerösteten Croûtons servieren und einen Klacks Crème fraîche in die Mitte des Tellers geben.

1	mittelgroßer Kürbis (etwa Hokkaido)
3	große Kartoffeln
1	große Zwiebel
3 EL	Öl
	Currypulver
600 ml	Gemüsebrühe
250 ml	Kokosmilch, ungesüßt
	Salz
	frisch gemahlener schwarzer Pfeffer
	Chilipulver
1 Msp.	Zimt

MUSCHELSUPPE: Clam Chowder

2 kg	frische Venus- oder Herzmuscheln (oder 600 g TK-Ware)
6	Jakobsmuscheln, ausgenommen
2	Kräutersträußchen (Bouquet garni)
2	Zwiebeln
750 g	vorwiegend festkochende Kartoffeln
60 g	Schinkenspeck
2	Lorbeerblätter
650 ml	Milch
300 g	Sahne
3 EL	glatte Petersilie

Rezept für 6 Personen
45 Minuten Arbeit

1 Die frischen Muscheln unter fließendem Wasser gut säubern, beschädigte und schon geöffnete Muscheln entsorgen. Die restlichen in einen großen Topf mit etwa 600 ml Wasser und dem Krätuersträußchen geben und bei geschlossenem Deckel aufkochen. Etwa 10 Minuten köcheln lassen, bis sich alle Muscheln geöffnet haben.

2 Den Topf vom Herd nehmen, die Hälfte der Flüssigkeit beiseitestellen, die Kräuter entfernen. Die Muscheln auf einem Teller abkühlen lassen. Anschließend das Fleisch mit einer Gabel aus der Muschelschale holen und jeweils halbieren.

3 Die Zwiebeln schälen, fein hacken, die Kartoffeln schälen und klein würfeln. Den Schinkenspeck klein würfeln. In einem Topf die Schinkenwürfel bei mittlerer Hitze ausbraten, bis kein Fett mehr vorhanden ist. Die Zwiebeln dazugeben und weich dünsten. Den Muschelsud, den Lorbeer, die Kartoffelwürfel sowie die halbierten Muscheln dazugeben. Alles bei mittlerer Temperatur köcheln lassen, bis die Kartoffeln weich sind.

4 In der Zwischenzeit die Milch mit der Sahne in einem kleinen Topf verrühren und aufwärmen.

5 Das Lorbeerblatt aus der Suppe entfernen und die Hälfte der Kartoffeln und der Zwiebeln zusammen mit drei Schopflöffeln der Brühe in eine Schüssel geben. Mit dem Pürierstab fein pürieren. Das Püree und die warme Milch-Sahne-Mischung wieder in die Suppe einrühren und unter ständigem Rühren kurz aufköcheln lassen. Mit Petersilie verfeinern.

Die sämige Suppe mit Baguette servieren.

Für ein gutes Tischgespräch
kommt es nicht so sehr darauf an,
was sich auf dem Tisch, sondern
was sich auf den Stühlen befindet.

Walter Matthau

Satisfaction
GUARANTEED

Rezept für 6 Personen
10 Minuten Arbeit
plus etwa
10 Minuten Kochzeit

Pasta
mit Ricotta und Zitrone

Die Nudeln in Salzwasser al dente kochen, vom Kochwasser zum Schluss einige Esslöffel abnehmen und in eine Tasse geben. Die Schale der Zitrone abreiben.

Den Ricotta mit dem Zitronenabrieb, einigen Basilikumblättern und dem Parmesan 2 Minuten im Mixer pürieren. Das zurückbehaltene Pasta-Kochwasser dazugeben. Mit Salz, Pfeffer und etwas Zitronensaft abschmecken.

Die Pasta auf Teller verteilen, mit Basilikum garnieren. Jeweils etwas Parmesan darüberstreuen und mit etwas Olivenöl beträufeln.

500 g	kurze Pasta (Farfalle, Rigatoni …)
	Salz
1	unbehandelte Zitrone
400 g	frischer Ricotta
1/2 Bund	frisches Basilikum
6 EL	frisch geriebener Parmesan und etwas zum Dekorieren
	frisch gemahlener schwarzer Pfeffer
	Olivenöl

Tagliatelle in Zitronenbutter mit Wodka

100 g Butter
450 g frische Tagliatelle
Salz
Saft von 1 Zitrone
2 EL Wodka
1/2 Bund Zitronenmelisse zum Garnieren

Rezept für 6 Personen
5 Minuten Arbeit

1 Die Butter in einem kleinen Topf zerlassen. Die Servierschüssel für die Pasta im Backofen bei etwa 100 °C Unter-/Oberhitze vorwärmen.

2 In der Zwischenzeit die Tagliatelle in kochendem Salzwasser in 2–3 Minuten bissfest kochen. Das Wasser abgießen.

3 Die Tagliatelle in die heiße Servierschüssel geben und mit der flüssigen Butter übergießen. Den Zitronensaft darüberträufeln und den Wodka darübergeben. Alles gut miteinander vermischen und sofort servieren. Mit frischen Zitronenmelisseblättchen garnieren.

LAUCHQUICHE

Für den Teig:

300 g	Mehl
150 g	Magerquark
150 g	Margarine
1 TL	Backpulver
1 TL	Salz

Rezept für 6 Personen
20 Minuten Arbeit
plus 30 Minuten Backzeit

Für den Belag:

4	Stangen Lauch
	Salz
300 g	Gouda
300 g	roher Schinken
4	Eier
300 g	Sahne
1/2 TL	Pfeffer

1 Den Backofen auf 200 °C Unter-/Oberhitze vorheizen.

2 Für den Teig alle Zutaten in einer Schüssel vermengen. Den Teig auswellen und in einer großen Tarteform (28 cm Durchmesser) bei 200 °C in 15–20 Minuten blindbacken.

3 In der Zwischenzeit den Lauch putzen, in schräge Ringe schneiden. Die Lauchringe unter fließendem Wasser in einem Sieb säubern. Dann die Ringe 8 Minuten in kochendem Salzwasser vorgaren.

4 Den Gouda und den Schinken in kleine Würfel schneiden. Beides mit den Eiern, der Sahne und dem Pfeffer verrühren.

5 Den Lauch auf dem vorgebackenen Quicheboden verteilen und die Gouda-Schinken-Mischung darübergeben. Die Quiche in etwa 30 Minuten bei 200 °C backen.

Tipp: Sollten sich die hungrigen Gäste nicht früh genug angekündigt haben, kann man auch zu einer fertigen Teigrolle aus dem Kühlregal greifen. Dann macht die Quiche noch weniger Arbeit und noch schneller satt und zufrieden!

Ein Gastgeber ist
wie ein Feldherr:
Erst wenn etwas
schiefgeht, zeigt
sich sein Talent.

Horaz

AUBERGINEN-PAPRIKA-Auflauf

2	mittelgroße Auberginen
	Salz
9	kleine Kartoffeln
2	Knoblauchzehen
2	grüne Paprikaschoten
1	rote Paprikaschote
2	große Gemüsezwiebeln
125 ml	Olivenöl
12 EL	gehackte glatte Petersilie
3	große Dosen gehackte Tomaten
2 TL	Paprika
	frisch gemahlener schwarzer Pfeffer
4 EL	Rotweinessig

Rezept für 6 Personen
30 Minuten Arbeit
plus Bratzeit

1 Den Backofen auf 200 °C Ober-/Unterhitze vorheizen.

Die Auberginen waschen, trocken tupfen und dann längs in sehr dünne Scheiben schneiden. Die Scheiben auf ein Abtropfbrett legen und mit Salz bestreuen. Etwa 30 Minuten ziehen lassen, dann mit Küchenpapier trocken tupfen.

2 In der Zwischenzeit die Kartoffeln etwa 15 Minuten in Salzwasser kochen, abgießen und etwas abkühlen lassen. Die Kartoffeln schälen und in dünne Scheiben schneiden.

3 Den Knoblauch schälen und sehr fein hacken. Die Paprikaschoten waschen, das Kerngehäuse entfernen und in Streifen schneiden. Die Zwiebeln schälen, klein hacken und in 5 EL Öl bei geringer Temperatur weich dünsten, dann den Knoblauch dazugeben.

4 Eine große Auflaufform mit Öl einfetten. Das Gemüse in drei Lagen einschichten: zunächst ein Drittel der Kartoffelscheiben, dann ein Drittel der Auberginenscheiben und Paprikaschoten mit den Zwiebeln, dem Knoblauch und etwas Öl aus der Pfanne sowie Petersilie. Die gehackten Tomaten mit Saft dazugeben. Mit Salz, Pfeffer und Paprika würzen. Das Ganze wiederholen, bis alle Zutaten eingeschichtet sind. Die zweite Lage mit Essig und die letzte Schicht abschließend mit 2 EL Öl beträufeln.

5 Die Form mit Alufolie abdecken und für 1 Stunde auf die unterste Schiene in den vorgeheizten Backofen schieben. Dann die Folie abnehmen, die Temperatur auf 170 °C reduzieren und alles weitere 30–60 Minuten garen, bis das Gemüse gebräunt und die Flüssigkeit eingekocht ist.

Tipp: Der Auflauf schmeckt sowohl heiß als auch kalt und lässt sich gut aufwärmen.

Rezept für 6 Personen
20 Minuten Arbeit

Lauchcremesuppe mit Krabben

Den Lauch waschen und in Ringe schneiden. Das Öl in einem Topf erhitzen und die Lauchringe darin etwa 5 Minuten andünsten. Die Brühe und den Weißwein angießen. Alles zusammen etwa 20 Minuten köcheln lassen.

Den Schmelzkäse in die Suppe geben und unter Rühren darin auflösen.

In der Zwischenzeit den Dill waschen, trocken schütteln und klein hacken. Die Crème fraîche mit dem Dill in die Suppe geben und mit Salz und Pfeffer abschmecken.

Die Krabben abspülen und mit Küchenpapier trocken tupfen, dann nur noch zum Aufwärmen in die Suppe geben.

4	Stangen Lauch
2 EL	Öl
1,5 l	Gemüsebrühe
150 ml	Weißwein
75 g	Schmelzkäse
1 Bund	Dill
250 g	Crème fraîche
	Salz
	frisch gemahlener Pfeffer
300 g	frisch gepulte Krabben

creamy

Nichts nehmen die
Menschen so übel,
als wenn sie keine
Einladung bekommen.

Oscar Wilde

Großes Gartenfest!
Am kommenden Samstag,
übliche Uhrzeit!
Auf Euer Kommen
freut sich U.

Haupt

REZEPTE, WENN GÄSTE MIT GROSSEM HUNGER KOMMEN …

The Premium Quality

speisen

GEFÜLLTE FORELLE auf Kartoffelscheiben

6	kleine Kartoffeln
	Salz
12	kleine Cocktailtomaten
6	Zweige Thymian
	Cayennepfeffer
6	mittelgroße Forellen, ausgenommen
3 TL	Fischgewürz
60 g	Butter
24	schwarze Oliven, entsteint
6 TL	Olivenöl

Rezept für 6 Personen
35 Minuten Arbeit

1 Den Backofen auf 180 °C Ober-/Unterhitze vorheizen.

2 Die Kartoffeln in Salzwasser gar kochen, abgießen und schälen. Die Kartoffeln in dünne Scheiben schneiden. Die Cocktailtomaten halbieren und die Kerne entfernen, den Thymian sehr fein hacken.

3 Pro Fisch ein Stück Alufolie großzügig zuschneiden. Der Länge des Fisches nach die Kartoffelscheiben fächerartig in zwei Reihen schichten. Salzen und pfeffern.

4 Die Forellen innen salzen und pfeffern, leicht mit dem Fischgewürz einreiben und jeden Fisch mit 1 TL Butter füllen. Den Fisch senkrecht mit dem Rücken nach unten auf die Kartoffelscheiben setzen.

5 Die Cocktailtomaten, die Oliven und den Thymian rechts und links vom Fisch verteilen, den Fisch mit Olivenöl beträufeln und die Alufolie gut über dem Bauch verschließen.

6 Die Päckchen mit dem »stehenden« Fisch und der Verschlusskante nach oben zeigend auf ein Backblech geben. Die Forellen für 30 Minuten bei 180 °C in den Backofen geben.

Mit Baguette servieren.

Tipp: Die Päckchen können schnell an die Gäste verteilt werden, die dann selbst auspacken dürfen. Alternativ statt Alufolie festes Pergamentpapier benutzen.

THUNFISCHSTEAKS mit Zitronen-Kartoffelpüree

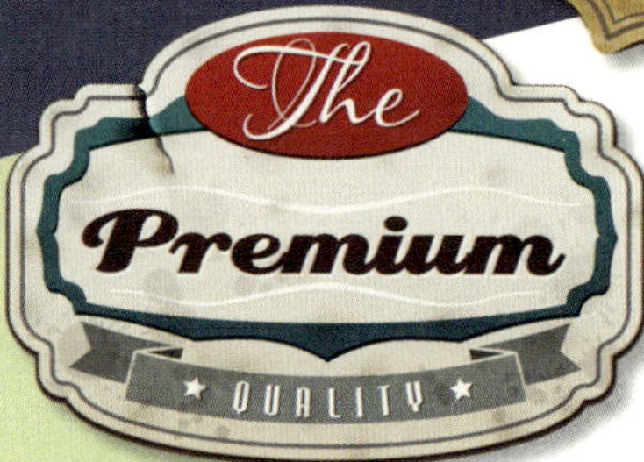

8	mittelgroße Knoblauchzehen
9	Zweige Rosmarin
750 ml	Olivenöl
2 EL	Chilipulver
	Saft von 5 Zitronen
	Cayennepfeffer
6	Thunfischsteaks à 200 g

Für das Zitronen-Kartoffelpüree:

750 g	Kartoffeln
	Salz
250 ml	Milch
	Schale von 1 unbehandelten Zitrone
3 EL	Olivenöl
1 Prise	Cayennepfeffer
	(frisch geriebene Muskatnuss)

Rezept für 6 Personen
35 Minuten Arbeit
plus 24 Stunden Marinierzeit

1 Den Knoblauch schälen und in die Knoblauchpresse geben, den Rosmarin von den Zweigen zupfen und beides mit dem Olivenöl, Chilipulver, dem Zitronensaft und dem Pfeffer verrühren.

2 Die Marinade über die Thunfischsteaks geben. Den Thunfisch zum Marinieren über Nacht abgedeckt in den Kühlschrank geben.

3 Am nächsten Tag für das Zitronenpüree die Kartoffeln schälen und in Salzwasser weich kochen. Kurz ausdampfen lassen und durch die Kartoffelpresse drücken.

4 Die Milch aufkochen und mit der geriebenen Zitronenschale unter die Kartoffelmasse rühren. Dann das Olivenöl langsam hineinrühren. Mit Pfeffer und Salz, nach Belieben mit etwas Muskatnuss abschmecken.

5 Abschließend noch einige Esslöffel von der Thunfischmarinade in eine beschichtete Pfanne geben und die Steaks bei starker Hitze von jeder Seite 1–2 Minuten braten. Während des Bratens oder erst danach salzen.

Tipp: Das marinierte Thunfischsteak macht sich auch sehr gut auf dem Grill. Das Steak dann in eine Alugrillschale legen oder mit Aluminium vor der direkten Flamme schützen.

Rezept für 6 Personen
20 Minuten Arbeit

Putencurry

Die Zwiebel, den Ingwer und den Knoblauch schälen, alles sehr klein hacken. Mit dem Zitronenabrieb und der Currypaste vermischen.

Das Fleisch in kleine, mundgerechte Stücke schneiden. Die Putenstücke in einem Wok oder in einer großen Pfanne in Butterschmalz sehr scharf von allen Seiten anbraten, dabei salzen und mit Zucker bestreuen. Das Fleisch dann herausnehmen und in Alufolie warm halten. Das Fett in dem Wok bis auf einen dünnen Film entsorgen.

Den Wok wieder auf den Herd stellen; die Temperatur jedoch verringern. Zunächst die Sojasauce hineingeben, gleich danach die verrührte Paste sowie die obersten 2 cm Milch aus der Kokosmilchdose. Das Curry für 2 Minuten sanft köcheln lassen.

Dann nach und nach den Rest der Kokosmilch dazugießen. Abschließend das Putenfleisch wieder in den Wok geben und gemeinsam mit der Sauce erwärmen, aber nicht mehr kochen.

1	Zwiebel
1	Stück (etwa 4 cm) frischer Ingwer
3	Knoblauchzehen
	abgeriebene Schale von 1 unbehandelten Zitrone
2 EL	rote Currypaste
6	Putenbrustfilets (à 150 g)
3 EL	Butterschmalz
	Salz
1 Prise	Zucker
3 EL	helle Sojasauce
250 ml	Kokosmilch, ungesüßt

100%
Quality
Inspected
GUARANTEED

Bei leerem Magen
sind alle Übel
doppelt schwer.

Christoph Martin Wieland

MOUSSAKA

Rezept für 6 Personen
45 Minuten Arbeit

4	große Kartoffeln
	Salz
1	Bund glatte Petersilie
3	große Auberginen
	Olivenöl
4	Zwiebeln
30 g	Butter
750 g	Lammhackfleisch
	frisch gemahlener schwarzer Pfeffer
1 Msp.	gemahlener Zimt
200 g	gehackte Tomaten (Dose)
3 EL	Tomatenmark
250 ml	Rotwein
1 Prise	Zucker
40 g	Mehl
750 ml	Milch
3	Eier
150 g	Schafskäse
etwas	getrockneter Oregano

1 Den Backofen auf 180 °C Ober-/Unterhitze vorheizen.

2 Die Kartoffeln in Salzwasser gar kochen. Das Wasser anschließend abgießen, etwas abkühlen lassen. Die Kartoffeln pellen und in Scheiben schneiden.

3 In der Zwischenzeit die Petersilie waschen, trocken schütteln und hacken. Die Auberginen waschen, in Scheiben schneiden und in einer Pfanne mit Olivenöl goldgelb braten.

4 Die Zwiebel schälen, fein hacken und in etwas Butter leicht anbräunen. Das Fleisch dazugeben und unter Rühren gut anbraten. Dann salzen, pfeffern und den Zimt dazugeben. Die Tomaten abgießen, die Tomatenstücke und das -mark, die gehackte Petersilie, den Wein und etwas Zucker dazugeben. Alles 15 Minuten schmoren lassen.

5 In der Zwischenzeit aus der restlichen Butter, dem Mehl und der Milch in einem Topf eine Béchamelsauce zubereiten, dann den Topf vom Herd nehmen. Die Eier verquirlen und mit der Hälfte des Schafskäses in die heiße Sauce einrühren. Mit Salz abschmecken.

6 Eine große Auflaufform mit Olivenöl einfetten und die Kartoffelscheiben hineinschichten, mit der Hälfte der gebratenen Auberginenscheiben belegen, dann das Hackfleisch darübergeben. Mit Oregano bestreuen und mit den restlichen Auberginenscheiben bedecken. Die Béchamelsauce über die Auberginenscheiben gießen und den restlichen Schafskäse darüber zerkrümeln.

7 Das Moussaka für 45 Minuten im Backofen backen.

Tipp: Das Moussaka schmeckt auch am nächsten Tag, sollte noch etwas übrig sein, aufgewärmt sehr gut.

LAMM CURRY

750 g	Lammschulter
	Salz
1 TL	Ingwerpulver
3 EL	Currypulver
300 g	Joghurt
2	Zwiebeln
3	Knoblauchzehen
75 g	Butter
250 ml	Fleischbrühe
2 TL	Zimt
2 TL	Kardamom
2 TL	gemahlener Kreuzkümmel
1 Prise	geriebene Muskatnuss
1	gestr. TL Cayennepfeffer
1/2	Bund glatte Petersilie

Rezept für 6 Personen
15 Minuten Arbeit
plus 1 Stunde
Marinierzeit
plus 30
Minuten Schmorzeit

1 Das Lammfleisch abspülen, trocken tupfen, in mundgerechte Würfel schneiden und salzen. Das Ingwerpulver und 1 EL von dem Currypulver mit dem Joghurt verrühren. In einer großen Schüssel die Fleischstücke und die Joghurt-Gewürzmischung verrühren, abdecken und für 1 Stunde in den Kühlschrank geben.

2 Die Zwiebeln sowie den Knoblauch schälen und fein würfeln. Die Würfel mit etwas Salz in eine Pfanne mit der Butter geben und darin einige Minuten anbraten. Das Fleisch aus der Kühlung nehmen, dazugeben und für 5 Minuten mitbraten. Die Fleischbrühe angießen und für 30 Minuten zugedeckt schmoren lassen.

3 Alle weiteren Gewürze dazugeben und scharf abschmecken. Den Deckel abnehmen und die Sauce einkochen lassen.

4 Die Petersilie waschen, trocken schütteln, einige Blätter abzupfen. Das Lammcurry in eine flache, weite Schüssel geben und mit Petersilie garnieren, dann servieren.

Tipp: Basmatireis passt sehr gut zu diesem würzigen Gericht. Außerdem ist es sehr gut in die Planung einzubinden: Der Reis und das Curry schmoren nach kurzer Vorbereitung brav vor sich hin, während die Gäste schon mal die Vorspeise zu sich nehmen können.

Lieber schätze
einen Gast gering,
doch lass ihn
nicht hungern.

Chinesisches Sprichwort

ÜBERBACKENE Kalbsschnitzel

Rezept für 6 Personen
20 Minuten Arbeit

Für die Béchamelsauce:

75 g	Butter
30 g	Mehl
400 ml	Milch
3	Eigelb
	Salz
	Pfeffer
	frisch geriebene Muskatnuss

6	zarte Koteletts, à 150 g
	Salz
	frisch gemahlener Pfeffer
75 g	Butter
150 g	frisch geriebener Greyerzer
6	Scheiben Parmaschinken

1 Für die Sauce die Butter in einem kleinen Topf zerlassen, das Mehl hineinstauben und hell anschwitzen. Die Milch dazugießen und einige Male aufkochen, dabei die Sauce mit dem Schneebesen schlagen, damit sie ganz glatt und ziemlich flüssig wird. Den Topf vom Herd nehmen und das Eigelb einrühren. Dann mit Salz, Pfeffer und etwas Muskatnuss abschmecken.

2 Den Backofen auf 180 °C Ober-/Unterhitze vorheizen.

3 Die Schnitzel in etwas Butter auf beiden Seiten anbraten. Das Innere soll leicht rosa bleiben. Die Schnitzel salzen, pfeffern und in eine feuerfeste Auflaufform legen.

4 In die Sauce die Hälfte des Käses rühren. Auf die Schnitzel in der Form jeweils eine Scheibe Parmaschinken legen, dann die Sauce darübergeben. Mit dem restlichen Käse bestreuen.

5 Die Form auf der obersten Schiene in den Backofen geben. Die Schnitzel bei reiner Oberhitze überbacken, bis sich die Oberfläche bräunt.

Tipp: Sollte sich bei Ihrem Backofen die Oberhitze nicht einzeln einschalten lassen, alternativ die letzten Minuten die Grillfunktion benutzen, dann aber die Kruste im Auge behalten.

ZÜRCHER Geschnetzeltes

3	kleine Zwiebeln
300 g	Champignons
6	dünne, mittelgroße Scheiben Kalbsschnitzel
	Salz
	frisch gemahlener schwarzer Pfeffer
	Öl zum Anbraten
30 g	Butter
30 g	Mehl
300 ml	trockener Weißwein
300 ml	Sahne
2 TL	Paprikapulver, edelsüß
2	Stängel glatte Petersilie

Rezept für 6 Personen
20 Minuten Arbeit

1 Die Zwiebeln schälen und fein würfeln, die Champignons putzen, die Stiele entfernen und die Pilze in dünne Scheiben schneiden.

2 Die Schnitzel in 1,5 cm dicke, 5 cm lange Streifen schneiden, salzen und pfeffern.

3 Etwas ÖL in einer Pfanne erhitzen und dann die erste Portion Fleischstreifen darin anbraten, bis sie eine goldbraune Farbe mit etwas Kruste bekommen. Aus der Pfanne nehmen und die zweite Portion Fleisch mit neuem Öl ebenso anbraten. Das Fleisch herausnehmen und mit der ersten Portion und dem Bratensaft in Alufolie warm halten.

4 Die Butter in derselben Pfanne erhitzen und die Zwiebeln darin glasig schwitzen. Die Champignonscheiben dazugeben, mit dem Mehl bestauben und durchrühren. Mit dem Weißwein ablöschen und die Flüssigkeit um mindestens die Hälfte einkochen.

5 Die Alufolie mit dem Fleisch öffnen und vorsichtig den ausgetretenen Fleischsaft in die Pfanne geben. Die Folie wieder schließen. Die Sahne portionsweise in die Pfanne geben und zwischendurch immer wieder einkochen lassen.

6 Mit Salz, Pfeffer und Paprikapulver abschmecken. Eventuell noch etwas Weißwein dazugießen. Das Fleisch für 1 Minute zum Aufwärmen dazugeben (nicht mehr kochen!).

Das Geschnetzelte in eine vorgewärmte Schüssel geben und mit der Petersilie garniert servieren.

Tipp: Dazu passen die Spätzle von Seite 124.

OSSO BUCO

Rezept für 6 Personen
20 Minuten Arbeit
plus 60 Minuten Garzeit

6	Scheiben Kalbsbein
	Salz
	frisch gemahlener schwarzer Pfeffer
30 g	Mehl
5 EL	Olivenöl
3	Karotten
3	Stangen Sellerie
2	Tomaten
3	Zwiebeln
3	Knoblauchzehen
40 g	Butter
400 g	gehackte Tomaten (Dose)
250 ml	Rotwein
250 ml	Fleischbrühe
2	Lorbeerblätter
1 TL	getrockneter Thymian
1 TL	getrockneter Oregano

1 Das Fleisch von beiden Seiten salzen, pfeffern und in etwas Mehl wenden.

2 Den Backofen auf 175 °C Ober-/Unterhitze vorheizen.

3 In einem großen Bräter das Olivenöl erhitzen und die Kalbsbeinscheiben darin von beiden Seiten leicht anbräunen. Herausnehmen und beiseitestellen.

4 Die Karotten sowie den Sellerie und die frischen Tomaten waschen, alles sehr fein würfeln. Die Zwiebeln und den Knoblauch schälen, ebenfalls sehr klein würfeln und das Gemüse mit den gehackten Tomaten in dem Bräter mit Butter anbraten. Die angebräunten Beinscheiben wieder hineinlegen und mit dem Rotwein sowie der Brühe aufgießen. Die Gewürze dazugeben, mit Salz und Pfeffer abschmecken und kurz aufkochen lassen.

5 Den Bräter in den Backofen schieben und das Osso buco etwa 1 Stunde garen lassen. Ab und zu die Beinscheiben mit dem Bratenfond übergießen; sollte die Flüssigkeit zu schnell verkochen, etwas Wein nachgießen.

Das Osso buco in der heißen Auflaufform servieren. Dazu schmeckt ein frisches Landbrot.

Rezept für 6 Personen
15 Minuten Arbeit
plus etwa
60 Minuten Garzeit

Gulasch –
so zart muss es sein

Die Zwiebeln und den Knoblauch schälen und fein würfeln. Vom Fleisch Fett und Sehnen entfernen und in Würfel mit 3 cm Kantenlänge schneiden. Das Öl in einem großen Topf erhitzen und darin die Zwiebeln glasig werden lassen. Fleisch, Salz und Pfeffer hinzugeben und unter ständigem Rühren anbraten.

Wenn das Fleisch gut angebraten ist, den Majoran, den Knoblauch und das Tomatenmark dazugeben. Den Topf zudecken und bei mittlerer Temperatur einige Minuten im eigenen Saft schmoren lassen. Ab und zu umrühren.

Mit der Brühe so aufgießen, dass das Fleisch gerade damit bedeckt ist. Das Paprikapulver dazugeben und die Temperatur herunterschalten. Das Gulasch 1 gute Stunde leicht köcheln lassen, bis das Fleisch weich ist. Ab und zu umrühren. Mit Salz und Cayennepfeffer abschmecken und servieren.

Tipp: Schmeckt sehr gut mit Bandnudeln oder einfach mit frischem Baguette.

800 g	Zwiebeln
1	große Knoblauchzehe
1 kg	Rindfleisch (aus Wade oder Schulter)
2 EL	Öl
	Salz
1 TL	Cayennepfeffer
1 TL	getrockneter Majoran
1 EL	Tomatenmark
1 l	Geflügelbrühe
2 EL	Paprikapulver, edelsüß

tender

Viele Hände
machen geschwind
ein Ende.

ROASTBEEF
mit Kartoffeln und pochierten Eiern

9	mittelgroße Kartoffeln
	Salz
600 g	Roastbeef
2	rote Zwiebeln
6 EL	Öl
2 EL	getrockneter Thymian
	frisch gemahlener schwarzer Pfeffer
200 ml	Sahne
6	Eier
6 EL	Essig

Rezept für 6 Personen
40 Minuten Arbeit

1. Die Kartoffeln schälen, in grobe Stücke schneiden und in Salzwasser 5 Minuten kochen. Dann das Wasser abschütten und abtropfen lassen.

2. In der Zwischenzeit das Roastbeef zunächst in Scheiben schneiden, dann in feine Streifchen.

3. Die Zwiebeln schälen und in dünne Scheiben schneiden. Das Öl in einer großen beschichteten Pfanne erhitzen, die Kartoffelstücke darin bei geringer Temperatur anbraten. Nach etwa 5 Minuten die Zwiebelscheiben dazugeben.

4. Das Roastbeef gemeinsam mit dem Thymian in die Pfanne geben, salzen und pfeffern. Kurz darin anbraten, dann die Sahne darübergeben und alles etwa 5 Minuten köcheln lassen. Die Kartoffeln dabei leicht mit einer Gabel zerdrücken.

5. In der Zwischenzeit die Eier pochieren. Dazu 1 l Wasser mit dem Essig zum Kochen bringen, dann den Topf vom Herd nehmen. Die Eier einzeln in eine Tasse aufschlagen und nacheinander vorsichtig aus der Tasse ins Wasser gleiten lassen. Etwa 5 Minuten (je nach Größe der Eier) ziehen lassen.

6. Zum Servieren die Eier auf die Roastbeef-Kartoffel-Mischung legen.

Tipp: Wenn es schneller gehen soll, besorgen Sie Rouladen. So sparen Sie sich das feine Schneiden des Fleisches am Anfang.

Rezept für 6 Personen
10 Minuten Arbeit

Rinderfiletsteaks
mit Pfeffersauce

Die Pfefferkörner im Mörser zerdrücken und in einen Topf mit aufschäumender Butter geben. Die Zwiebel sehr fein würfeln, dazugeben und anschwitzen, bis sie weich ist. Den Portwein angießen, einkochen lassen. Mit der Brühe auffüllen und wieder einkochen lassen. Die Sahne dazugießen und köcheln lassen, bis die Sauce die gewünschte Konsistenz hat. Salzen und im Mixer fein pürieren.

Die Filetsteaks mit dem Handballen leicht flach drücken.

Das Öl in einer Pfanne erhitzen und die Filetsteaks bei mittlerer Temperatur 2 ½–3 Minuten darin auf jeder Seite anbraten.

Vom Herd nehmen und in der Pfanne noch 1 Minute ruhen lassen. Pfeffern und salzen.

Das Fleisch auf die Teller verteilen und mit der Sauce servieren.

Tipp: Dazu passen ein frischer Salat oder Keniabohnen.

2 EL	schwarze oder weiße Pfefferkörner
20 g	Butter
1	große Zwiebel
250 ml	Madeira oder Portwein
250 ml	Brühe
300 g	Sahne
	Salz
6	Rinderfiletsteaks (aus dem Mittelstück, je 1,5–2 cm dick)
3 EL	Öl

Fünf sind geladen,
zehn sind gekommen.
Gieß Wasser zur Suppe,
heiß alle Willkommen!

CERTIFIED
Genuine Product
SPECIAL OFFER
LIMITED
EDITION
QUALITY INSPECT

HACKBRATEN

so werden alle satt

2	große Zwiebeln
3	Knoblauchzehen
50 g	Butter
3	Karotten
3	kleine altbackene Brötchen
800 g	gemischtes Hackfleisch
150 g	Kalbsbrät
2	Eier
	Salz
	frisch gemahlener schwarzer Pfeffer
einige	Zweige Thymian
einige	Zweige Rosmarin
450 ml	Fleischbrühe

Rezept für 6 Personen
20 Minuten Arbeit
plus 1 Stunde Garzeit

1 Die Zwiebeln schälen und sehr fein hacken. Den Knoblauch schälen und durch die Presse geben. Beides in etwas Butter kurz in einer Pfanne glasig werden lassen, dann herausnehmen. Die Karotten schälen und in Würfel schneiden, beiseitestellen.

2 Den Backofen auf 180 °C Ober-/Unterhitze vorheizen.

3 Die Brötchen in Wasser einweichen, gut ausdrücken und klein schneiden.

4 Die gehackten Zwiebeln und den Knoblauch in eine große Schüssel zu dem Fleisch geben und gemeinsam mit den Eiern und den Gewürzen gut durchkneten. Anschließend das Fleisch länglich zu einem Braten formen. Diesen in einem Bräter oder einer feuerfesten großen Pfanne in der restlichen Butter bei mittlerer Temperatur von allen Seiten anbraten.

5 Die Fleischbrühe angießen und die Karottenwürfel dazugeben. Den Hackbraten etwa 1 Stunde garen, zwischendurch einmal wenden und mit Brühe übergießen.

HACHIS Parmentier

200 g	Fleisch (etwa Rinderhackfleisch)
9	Champignons oder Egerlinge
3	Zwiebeln
100 g	Butter
3 EL	Tomatenmark
3 EL	gehackte Petersilie
	Salz
	frisch gemahlener schwarzer Pfeffer
2	Spritzer Worcestershiresauce
1,5 kg	Kartoffelpüree (siehe Seite 80, ohne Zitrone)
60 g	Bergkäse, gerieben

Rezept für 6 Personen
30 Minuten Arbeit
plus 45 Minuten Bratzeit

1 Den Backofen auf 190 °C Ober-/Unterhitze vorheizen.

2 Das Fleisch in sehr kleine Würfel schneiden. Die Pilze putzen und in feine Scheiben schneiden. Die Zwiebeln schälen und in reichlich Butter glasig dünsten.

3 Das gewürfelte Fleisch zu den angeschwitzten Zwiebeln geben. Das Tomatenmark sowie die gehackte Petersilie und die Pilzscheiben unterrühren. Mit Salz, Pfeffer und Worcestershiresauce würzen.

4 Eine feuerfeste Form ausbuttern. Die Hälfte des Pürees darin verteilen, darauf die Fleischmischung geben und das restliche Püree darübergeben. Mit einer Gabel verstreichen, dabei kleine Furchen in die Masse zeichnen.

5 Den geriebenen Bergkäse und die restliche Butter in Flöckchen auf der Oberfläche verteilen. Das Hachis Parmentier für etwa 45 Minuten im Backofen braten, bis sich eine Kruste gebildet hat.

6 Die Form aus dem Ofen nehmen und im Ganzen servieren – der Duft lockt die Gäste an! Dazu passt ein grüner Gartensalat.

Tipp: Mit diesem Rezept lassen sich wunderbar schmackhaft auch unterschiedliche Fleischreste verwerten. Das Originalrezept entstand auch als Hilfe zur Resteverwertung.

Rezept für 6 Personen
25 Minuten Arbeit

Chili con carne

Die Zwiebeln schälen, fein hacken und in einem großen Topf mit heißem Öl glasig werden lassen. Das Hackfleisch hinzugeben und unter Rühren gut anbraten.

Drei der Peperoni und zwei der Piri-Piri mit einem scharfen Messer der Länge nach aufschneiden. Die Samenkerne entfernen und die Schoten zum Fleisch geben. Dann eine ganze Peperoni, die gehackten Tomaten, Paprikapulver und die Brühe ebenfalls zum Fleisch geben. Das Chili 20 Minuten bei ganz leichter Temperatur köcheln lassen.

Nach 15 Minuten Kochzeit die Bohnen und den Mais im Fleisch warm werden lassen. Mit Salz, Pfeffer und Chiliflocken abschmecken. Mit Baguette servieren.

2	Zwiebeln
3 EL	Öl
450 g	gemischtes Hackfleisch
4	Peperoni
3	Piri-Piri-Schoten
600 g	gehackte Tomaten (Dose)
2 TL	Paprikapulver edelsüß
2 TL	Fleischbrühe
300 g	Kidney- oder Chilibohnen
6 EL	Mais
	Chiliflocken
	Salz
	Cayennepfeffer

Ist der Tisch erstmal gedeckt, finden sich auch Gäste.

Jüdisches Sprichwort

FIXE Hamburger

6 große	Hamburgerbrötchen
75 g	Butter
800 g	Rinderlende, vom Metzger durch den Fleischwolf gedreht
	Salz
	frisch gemahlener schwarzer Pfeffer
1	rote Zwiebel
6	kleine Tomaten
6 EL	Mayonnaise
6 EL	Ketchup
12	Blätter Eisbergsalat, gewaschen
3	Gewürzgurken, in Scheiben, oder einige Gärtnergurkenscheiben

Rezept für 6 Personen
15 Minuten Arbeit

1 Die Brötchen quer halbieren, buttern und in einer beschichteten Pfanne von außen leicht anbraten, dann beiseitestellen.

2 Aus dem Fleisch sechs flache Küchlein formen, diese leicht salzen und pfeffern. Die Burger in der heißen Pfanne von beiden Seiten braten.

3 Die Zwiebel schälen, die Tomaten waschen, dann alles in dünne Scheiben schneiden. In einer kleinen Schüssel die Mayonnaise mit dem Ketchup verrühren.

4 Auf die angebräunten unteren Brötchenhälften jeweils ein Salatblatt geben, darauf Tomatenscheiben sowie das Fleisch schichten. Das Fleisch mit der Ketchup-Mayonnaise-Mischung großzügig bestreichen, darauf Zwiebelringe und Gurkenscheiben geben. Abschließen mit jeweils einem weiteren Salatblatt und dem Deckel des Brötchens.

Tipp: Bei einer Küchenparty lassen sich die Burger lässig einer nach dem anderen zubereiten – dann darf auch jeder selbst belegen. Variationen mit Käsescheiben oder verschiedenen Gewürzen (Majoran, Chiliflocken oder 5-Gewürze-Pulver) machen den Burger-Abend perfekt. Wenn viele Burger auf einmal zubereitet werden müssen, die Brötchenhälften im Backofen bräunen lassen – und die Burger am besten mit einem Burger-Patty formen.

FRIKADELLEN

Fleischpflanzerl – Buletten

1	Zwiebel
10 g	Butter
2	altbackene Brötchen
150 ml	Milch
600 g	gemischtes Hackfleisch
3 EL	Öl
3	Eier
3 TL	Senf
3 TL	Salz
	frisch gemahlener schwarzer Pfeffer
1 TL	getrockneter Majoran
2 EL	gehackte krause Petersilie

Rezept für 6 Personen
20 Minuten Arbeit

1 Die Zwiebeln schälen und in kleine Würfel schneiden. In einer Pfanne die Zwiebelwürfel in der Butter glasig werden lassen.

2 In der Zwischenzeit die altbackenen Brötchen in die Milch tauchen, dann in sehr kleine Stücke schneiden oder reißen.

3 Das Fleisch und alle anderen Zutaten in eine große Schüssel geben und gut vermengen.

4 Mit angefeuchteten, kühlen Händen Frikadellen formen. In einer Pfanne Öl erhitzen und die Fleischpflanzerl von beiden Seiten knusprig braun braten.

5 Die fertigen Pflanzerl herausnehmen und auf Küchenpapier abtropfen lassen. Mit Kartoffelsalat und klassischerweise einem kühlen Bier servieren.

Tipps: Als Vorspeise die Frikadellen zu walnussgroßen Bällchen formen, in sehr heißem Öl frittieren, abkühlen lassen. Auf kleine Spieße setzen, als Abschluss eine halbe schwarze Olive aufstecken. Die Frikadellen lassen sich problemlos auf Vorrat zubereiten und einfrieren. Als Variationen lassen sich die Frikadellen wunderbar indisch (Currypulver und Kurkuma) oder asiatisch (Zitronengras und Koriander) würzen.

Rezept für 6 Personen
25 Minuten Arbeit

Bratkartoffeln
mit Chorizo

Die Kartoffeln in Salzwasser kochen, bis sie weich sind. Das Wasser abgießen und die ungeschälten Kartoffeln noch im Kochtopf ausdampfen lassen.

In der Zwischenzeit die Knoblauchzehen schälen und durch die Presse drücken. Die Chorizo in mundgerechte Stücke schneiden.

In einer beschichteten Pfanne das Olivenöl erhitzen und die Kartoffeln darin etwa 5 Minuten unter Wenden braten. Die Wurst dazugeben und weiterbraten, bis die Kartoffeln knusprig sind.

Die Chiliflocken sowie den gepressten Knoblauch darübergeben, gemeinsam nochmals 1–2 Minuten braten. Salzen, mit der frischen Petersilie bestreuen und servieren.

600 g	junge, möglichst kleine Kartoffeln
	Salz
2	große Knoblauchzehen
300 g	Chorizo
6 EL	Olivenöl
1 TL	getrocknete Chiliflocken
	frisch gehackte glatte Petersilie

tasty

Wer zu Hause keine
Besucher empfängt,
wird in der Fremde
keinen Wirt haben.

Chinesisches Sprichwort

Home Sweet Home

Spätzle

750 g	Weizenmehl (besser: Spätzlemehl)
7	Eier
5 g	Salz
	Butter

Rezept für 6 Personen
30 Minuten Arbeit

1 Das Mehl zusammen mit den Eiern, dem Salz und 100 ml Wasser mit dem Rührgerät oder dem Kochlöffel in einer Schüssel so lange schlagen, bis der Teig Blasen schlägt. Der Teig sollte relativ zäh sein.

2 Den Teig durch die Spätzlepresse in sprudelnd kochendes Salzwasser drücken. Alternativ den Teig mit dem Spätzlehobel in das Wasser schaben.

3 Wenn die Spätzle an die Oberfläche steigen, diese mit einem Schaumlöffel herausheben und in einer vorgewärmten Schüssel in Butter schwenken.

Tipp: Spätzle können auch schnell von einer Beilage zum Hauptgericht werden. Für Käsespätzle in einer Auflaufform abwechselnd Spätzle und Romadurstückchen, Weißlacker-Käse und geriebenen Emmentaler übereinanderschichten. Über die letzte Schicht Käse Röstzwiebeln streuen. Im Backofen bei 100 °C in etwa 15 Minuten warm werden lassen.

PASTA in 4 Variationen

500 g frische Pasta zu jedem Rezept!

Sauce 1: Mit Speck

Rezept für 6 Personen
10 Minuten Arbeit

1	große Knoblauchzehe
200 g	Speckwürfel
30 ml	Olivenöl
150 ml	Weißwein
2 EL	gehackte glatte Petersilie
70 g	frisch geriebener Pecorino
	Paprikapulver, edelsüß
	Salz, Pfeffer

Sauce 2: Alla bolognese

Rezept für 6 Personen
20 Minuten Arbeit
plus 20 Minuten Garzeit

2	Karotten
1	große Stange Sellerie
2	kleine Zwiebeln
120 g	Speckwürfel
30 g	Butter
300 g	Rinderhackfleisch
10 g	Mehl
400 g	gehackte Tomaten
2	Lorbeerblätter
250 ml	Fleischbrühe
	Salz, Pfeffer
75 g	frisch geriebener Parmesan

Sauce 1

1. Den Knoblauch schälen und klein hacken. Etwas mehr als die Hälfte der Speckwürfel mit dem gehackten Knoblauch in einer Pfanne mit Olivenöl andünsten.

2. Wenn der Knoblauch goldgelb ist, den Wein angießen und einkochen lassen. Anschließend den restlichen Speck in die Pfanne geben.

3. Die Pasta in kochendem Salzwasser al dente garen.

4. Die Pasta unter die Sauce mischen, die gehackte Petersilie und den Pecorino dazugeben. Alles mit den Gewürzen abschmecken und sofort servieren.

Sauce 2

1. Das Gemüse waschen oder schälen und dann jeweils in kleine Würfel schneiden. Gemeinsam mit den Speckwürfeln in einem großen Topf in der Butter leicht anbraten.

2. Das Hackfleisch dazugeben und Farbe annehmen lassen. Das Mehl darüberstreuen, umrühren. Die Tomaten dazugeben, ebenso den Lorbeer dazugeben. Die Fleischbrühe angießen.

3. Mit Salz und Pfeffer abschmecken und bei geschlossenem Deckel für 20 Minuten bei geringer Temperatur schmoren.

4. Die Pasta in kochendem Salzwasser al dente garen.

5. In einer vorgewärmten Schüssel die Sauce über die Pasta geben und den Parmesan darüberstreuen. Sofort servieren.

PASTA in 4 Variationen

500 g frische Pasta zu jedem Rezept!

Sauce 3: Mit Knofi und Chili

Rezept für 6 Personen
10 Minuten Arbeit

2	rote Chilischote
6	Knoblauchzehen
150 ml	Olivenöl
150 g	frisch geriebener Parmesan

Sauce 4: Orientalisch

Rezept für 6 Personen
20 Minuten Arbeit

3	rote Paprikaschoten
600 ml	heiße Gemüsebrühe
2	rote Zwiebeln, fein gehackt
3	Knoblauchzehen, fein gehackt
2	rote Chilischoten
3 EL	Olivenöl
30 g	brauner Zucker
2 EL	Tomatenmark
400 g	gehackte Tomaten
	Salz, Pfeffer
1 Msp.	gemahlener Zimt
	Saft von 1 Limette
1 Bund	Basilikum
60 g	frisch geriebener Parmesan

Sauce 3

1 Die Pasta in kochendem Salzwasser al dente garen.

2 Während der Kochzeit der Pasta die Chilischoten mit einem scharfen Messer längs öffnen, die Kerne herauskratzen. Den Knoblauch und die Chilischoten klein hacken.

3 Bei mittlerer Temperatur den Knoblauch und die Chilischoten im Olivenöl sanft und nur hell anschwitzen.

4 Mit der Pasta mischen und den Parmesan darüberstreuen.

Sauce 4

1 Die Paprikaschoten waschen, halbieren und das Kerngehäuse entfernen. Das Paprikafleisch klein schneiden. Gemeinsam mit der Brühe in etwa 2 Minuten sehr fein pürieren. Das Paprikapüree durch ein feines Sieb in einen Topf streichen und auf etwa 150 ml einkochen, dabei gelegentlich umrühren.

2 Die Chilischoten mit einem scharfen Messer längs aufschneiden, die Kerne entfernen und die Chilis klein hacken, dann mit Zwiebeln und Knoblauch in heißem Olivenöl kurz anbraten. Mit Zucker bestreuen und unter Rühren leicht karamellisieren lassen. Dann das Tomatenmark unterrühren. Die Tomaten und das Paprikapüree zugeben und alles etwa 10 Minuten köcheln lassen.

3 Die Pasta in kochendem Salzwasser al dente garen.

4 Die Sauce mit Salz, Pfeffer, Zimt und Limettensaft abschmecken und über die fertige Pasta geben. Mit Parmesan bestreuen und sofort servieren.

100%
Quality
Inspected
GUARANTEED
The
100%
Quality
Inspected

Unter drei und
über neun sollen
keine Gäste sein.

Varro Marcus Terentius

Kartoffelsalat

700 g festkochende Kartoffeln
Salz
3 Schalotten
4 EL Öl
250 ml Gemüsebrühe
3 EL Rotweinessig
frisch gemahlener schwarzer Pfeffer
50 g Butter

Rezept für 6 Personen
15 Minuten Arbeit
plus 25 Minuten Kochzeit

1 Die Kartoffeln waschen und in Salzwasser in etwa 25 Minuten gar kochen.

2 In der Zwischenzeit die Schalotten schälen und in kleine Würfel schneiden. In einer kleinen Pfanne 2 EL Öl erhitzen und die Schalotten darin glasig werden lassen, vom Herd nehmen.

3 Mit einer Gabel in die Kartoffeln stechen: wenn sie weich sind und leicht von der Gabel rutschen, sind sie gar. Abgießen, etwas abkühlen lassen, pellen und in etwa 4 mm dicke Scheiben schneiden.

4 Die Gemüsebrühe mit dem Essig, Salz, Pfeffer und 2 EL Öl verrühren. Die Schalotten dazugeben und alles über die Kartoffeln geben und vermischen.

5 Anschließend die Butter in der Pfanne zerlassen. Wenn sie leicht gebräunt ist, über den Kartoffelsalat gießen. Nochmals mit Pfeffer abschmecken.

Tipp: Der Kartoffelsalat kann auch gut als kalte Vorspeise mit klein gehacktem Dill oder Rucola, Gurkenstiftchen, klein geschnittenen Radieschen und in Streifen geschnittenen Schnitzeln serviert werden.

Rezept für 6 Personen

Ofenkäse

Den Backofen auf 190 °C Ober-/Unterhitze vorheizen.

Das Wachspapier vom Käse entfernen und den Käse wieder zurück in die Schachtel legen. Den Käse auf ein mit Backpapier belegtes Backblech geben und auf der oberen Schiene im Backofen etwa 20 Minuten backen.

In der Zwischenzeit die Baguettes in Würfel von etwa 3 cm Kantenlänge schneiden.

Den fertigen Ofenkäse in der Schachtel auf einen Teller setzen. Mit einem scharfen Messer ein Kreuz einritzen und den Käse aufklappen.

Die Gäste können die Brotstücke auf Gabeln in den Käse tauchen oder das Brot einfach auf Zahnstocher aufspießen.

Tipp: Dazu passen auch sehr gut Drillinge, kleine Kartoffeln. Wer ein bisschen experimentieren möchte, kann auch andere Weichkäsesorten mit stabilerer Haut in Mini-Cocottes scharf gewürzt überbacken.

3 Camembert
in der
Holzschachtel
3 frische Baguettes

Reblochon Kartoffel-Pfanne

- 6 Kartoffeln
- 2 kleine Zwiebeln
- 500 g Reblochon (halbfester Kuhmilchschnittkäse aus Savoyen)
- 40 g Butter
- Salz
- Pfeffer

Rezept für 6 Personen
15 Minuten Arbeit
plus 15 Minuten Garzeit

1 Die Kartoffeln am besten schon am Vortag kochen und pellen, dann klein würfeln.

2 Die Zwiebeln schälen und ebenfalls klein würfeln. Die Rinde vom Reblochon etwas abkratzen, den harten Rand entfernen und den Käse waagerecht durchschneiden.

3 Die Zwiebel- und Kartoffelwürfel in eine Deckelpfanne geben. In heißer Butter anbraten, die Reblochonhälften darüberlegen, sodass die Kartoffeln bedeckt sind, mit Salz und Pfeffer bestreuen. Den Deckel auf die Pfanne legen.

4 Bei mittlerer Temperatur braten, bis der Käse geschmolzen ist. Zwischendurch testen, ob die Kartoffeln nicht anbrennen.

Tipp: Das Gericht kann auch im Backofen zubereitet werden. Hierfür den Backofen auf 180 °C Unter-/Oberhitze vorheizen, Kartoffeln und Käse in eine Auflaufform geben und überbacken, bis der Käse geschmolzen ist.

CERTIFIED
Genuine Product
SPECIAL OFFER
LIMITED
EDITION
QUALITY INSPECTED
CERTIFIED
Genuine Product
SPECIAL OFFER
LIMITED
EDITION
QUALITY INSPECTED

CERTIFIED
EDITION
INSPECTED

Rezept für 8 Personen
oder 1 Backblech
15 Minuten Arbeit
plus 20 Minuten Backzeit

Zwiebelkuchen

Den Backofen auf 180 °C Ober-/Unterhitze vorheizen.

Zwiebeln schälen und in mittelgroße Streifen schneiden. Die Butter in einer großen Pfanne erhitzen und die Zwiebeln darin unter ständigem Rühren braun werden lassen. Wenn die Zwiebeln goldbraun sind, die Speckwürfel dazugeben und alles gemeinsam weiterbraten.

Die Crème fraîche, das Eigelb sowie Salz und Pfeffer in eine Schüssel geben und gut verrühren. Die Zwiebeln und den Speck noch warm dazugeben und gut miteinander vermischen.

Den Blätterteig in eine große Tarteform oder auf ein mit Backpapier belegtes Backblech geben. Die Zwiebel-Crème-fraîche-Mischung auf den Teig geben. Den Zwiebelkuchen bei 180 °C etwa 20 Minuten backen.

Den Kuchen gut auskühlen lassen und in kleine Vierecke oder in Pizzastücke schneiden. Heiß servieren.

Tipp: Der fertige Zwiebelkuchen kann auch kurz in der Mikrowelle erhitzt werden.

8		braune Zwiebeln
30	g	Butter
200	g	Speckwürfel
500	g	Crème fraîche
3		Eigelb
		Salz
		frisch gemahlener Pfeffer
		Blätterteig (TK)

CURRY aus Süßkartoffeln mit Ananas

The Premium Quality

Satisfaction Guaranteed

Rezept für 6 Personen
35 Minuten Arbeit

3 EL	Mandelblättchen
1	Ananas (etwa 340 g Abtropfgewicht aus der Dose, ungesüßt oder frisch)
	frisch geriebener schwarzer Pfeffer
2	Zwiebeln
900 g	Süßkartoffeln
4	Karotten
3	kleine Zucchini
3 EL	Öl
	Salz
1 TL	Zucker
300 g	Sahne
	Currypulver

1 Die Mandelblättchen in einer beschichteten Pfanne ohne Fett leicht anrösten, dann beiseitestellen.

2 Die Dosenananas abtropfen lassen, frische Ananas schälen. In mundgerechte Stückchen schneiden und in derselben Pfanne ohne Fett in etwa 5 Minuten anbräunen. Herausnehmen und leicht pfeffern.

3 Die Zwiebeln schälen und fein würfeln. Die Süßkartoffeln, Karotten sowie die Zucchini schälen und alles grob würfeln.

4 Die Zwiebelwürfel in einer Pfanne in Öl anschwitzen. Dann die Karotten und die Süßkartoffelstücke dazugeben. Alles etwa 2 Minuten anbraten. Salzen, pfeffern und den Zucker darübergeben. Die Zucchiniwürfel dazugeben und kurz darauf die Sahne angießen. Etwa 10 Minuten köcheln lassen und mit Currypulver abschmecken.

5 Die vorgerösteten Ananasstückchen dazugeben und warm werden lassen, dann servieren und mit den gerösteten Mandelblättchen garnieren.

Tipp: Die Dosenananas ist generell gezuckert. Eventuell also dann später weniger Zucker dazugeben.

Je mehr desto besser,
auch wenn das bei Feiern
mehr Arbeit bedeutet.

Nach

REZEPTE, WENN GÄSTE MIT GROSSEM HUNGER KOMMEN

The Premium Quality

speisen

menu

Rezept für 6 Personen
30 Minuten Arbeit

Tarte Tatin

Den Backofen auf 200 °C Unter-/Oberhitze vorheizen.

Die Äpfel schälen, vierteln, die Kerngehäuse entfernen, trocken tupfen. Eine Tarteform ausbuttern, mit 100 g Butterflöckchen belegen und 50 g Zucker gleichmäßig darüber streuen.

Die Äpfel mit der Wölbung nach oben so dicht wie möglich von innen nach außen aneinander setzen. Mit dem restlichen Zucker bestreuen. Anschließend 25 g Butter in einem Topf zerlassen und ebenfalls über die Äpfel geben.

Das Mehl auf die Arbeitsplatte häufen und in die Mitte eine Mulde drücken. Das Ei zusammen mit dem Salz und der Butter verrühren, in die Mulde geben und alles zu einem glatten Teig verkneten. Eventuell etwas Wasser zugeben. Den Teig in Größe der Tarteform ausrollen und vorsichtig die Äpfel damit bedecken. Die Ränder an der Form gut andrücken.

Im vorgeheizten Backofen etwa 20–25 Minuten goldbraun backen.

Die noch warme Tarte auf eine Platte stürzen und servieren.

3	große Äpfel (Boskop oder Golden Delicious)
125 g	Butter
100 g	Zucker

Für den Teig:

250 g	Mehl
1	Ei
1	Prise Salz
200 g	Butter

Fruity

BIRNEN-Charlotte

400 g	Sahne
2	Dosen Birnen, ungezuckert (à 460 g Abtropfgewicht)
2	Packungen Löffelbiskuits
	(Kakaopulver zum Bestauben)

Rezept für 6 Personen
25 Minuten Arbeit
plus 1 Tag Kühlzeit

1 Die Sahne sehr steif schlagen. In den Kühlschrank stellen.

2 Die Birnen über einem Sieb abtropfen lassen, den Birnensaft auffangen und in einem Topf heiß werden lassen. Die Birnen in Würfel von etwa 1 cm Dicke schneiden.

3 Eine runde Form (Durchmesser 21 cm, Höhe 10 cm) mit zwei Bahnen Alufolie auskleiden, dabei so viel Alufolie überstehen lassen, dass die Form damit geschlossen werden kann.

4 Die Löffelbiskuits nacheinander ganz kurz mit der nicht gezuckerten Seite in den heißen Birnensaft tunken, dabei fast keine Flüssigkeit aufnehmen lassen. Damit den Rand der Form senkrecht eng aneinanderstehend auskleiden. Zuletzt den Boden auslegen, dafür die Löffelbiskuits kürzen.

5 Eine Lage der Birnen in die Form auf die Biskuitschicht geben, gefolgt von einer etwa 1 cm dicken Schicht steif geschlagener Sahne. Darüber eine Schicht Birnenstückchen, gefolgt von einer Schicht Sahne usw.

6 Wenn die Form fast gefüllt ist, die Charlotte mit einer letzten Schicht Biskuits abschließen, mit der überstehenden Alufolie bedecken und einen kleinen Teller zum Beschweren auf die Charlotte geben.

7 Für 24 Stunden in den Kühlschrank stellen.

8 Zum Servieren auf eine große Platte stürzen und nach Geschmack mit Kakao bestauben.

Tipp: Probieren Sie das Rezept auch mit Pfirsichen!

Rezept für 6 Personen
15 Minuten Arbeit
plus 70 Minuten
Kühl- und Backzeit

Zitronentarte

Alle Zutaten für den Teig mit kalten Händen vermischen und gut durchkneten, dann für 30 Minuten in den Kühlschrank geben.

Den Backofen auf 180 °C Unter-/Oberhitze vorheizen.

Die Butter in einem kleinen Topf zerlassen, lauwarm abkühlen lassen. Eier und Zucker verrühren, die abgeriebene Schale und den Saft der Zitronen dazugeben. Die Butter dazurühren.

Den Teig auf einer bemehlten Fläche in der Größe der Tarteform (plus 2 cm für den Rand) ausrollen, die Form ausbuttern, den Teig hineingeben und die Zitronenmasse gleichmäßig darüber verteilen.

Die Tarte etwa 40 Minuten backen und lauwarm servieren.

Für den Teig:

- 250 g Mehl
- 150 g Butter
- 75 g Zucker
- 1 Ei

Für den Belag:

- 150 g Butter
- 3 Eier
- 150 g Zucker
- 2 unbehandelte Zitronen

Kaiserschmarren

8	Eier
250 g	Mehl
50 g	Zucker
375 ml	Milch
(30 g	Butter, gewürfelt)
1 Prise	Salz
(100 g	Rosinen)
100 g	Butter zum Ausbacken
	Puderzucker

Rezept für 6 Personen
15 Minuten Arbeit

1 Die Eier trennen und das Eigelb mit dem Mehl, dem Zucker, der Milch, optional den 30 g Butter und dem Salz mit dem Rührgerät gut verrühren. Nach Belieben anschließend die Rosinen darunterrühren.

2 Das Eiweiß steif schlagen, etwas Zucker dazugeben. Das Eiweiß unter die Eigelbmasse heben und vorsichtig vermischen.

3 Etwa 50 g Butter in eine große Pfanne geben, schmelzen lassen und eine große Kelle Teig darin etwa 3 Minuten bei mittlerer Temperatur backen. Vierteln, wenden und nach etwa 30 Sekunden in unregelmäßige Stücke zerpflücken. Aus der Pfanne nehmen und auf Tellern warmhalten. Mit dem Rest des Teiges ebenso verfahren.

4 Den Kaiserschmarren vor dem Servieren mit Puderzucker bestauben.

Tipp: Mit Pflaumen- oder Apfelkompott servieren.

Seit Erfindung
der Kochkunst essen
die Menschen
doppelt so viel wie die
Natur verlangt.

Benjamin Franklin

Rezept für 6 Personen
15 Minuten Arbeit

Salzburger Nockerl
auf Beeren

Den Backofen auf 175 °C Unter-/Oberhitze vorheizen.

Die Eier trennen. Vier Eigelb mit dem Vanilleextrakt und der abgeriebenen Zitronenschale mit dem Rührgerät gut verrühren und anschließend mit dem Mehl bestauben.

Das Eiweiß mit dem Salz halbsteif schlagen. Zucker hinzugeben und zu einem sehr festen Schnee schlagen. Diese Masse vorsichtig unter die Eigelbmischung heben.

Eine große Auflaufform sorgfältig mit der Butter ausstreichen, die Himbeeren oder anderen Beeren gleichmäßig auf dem Boden verteilen und die Eiermasse darübergeben.

Die Nockerl 10–12 Minuten backen, sodass sie außen leicht gebräunt, innen noch weich sind.

Aus dem Ofen nehmen, mit Puderzucker bestauben und sofort heiß servieren.

8 Eier
2 TL Vanilleextrakt
Abrieb einer unbehandelten Zitrone
25 g Mehl
1 Prise Salz
60 g Zucker
25 g Butter
2 Schalen frische Himbeeren (Johannisbeeren, Heidelbeeren …)
Puderzucker

Rezept für 6 Personen
20 Minuten Arbeit
plus etwa
3 Stunden Kühlzeit

Tiramisu

Die Eier trennen und das Eiweiß sehr steif schlagen.

Das Eigelb zusammen mit dem Zucker mit dem Handrührgerät schaumig schlagen. Den Mascarpone unterrühren und den Rum nach und nach dazugeben. Das Eiweiß vorsichtig unterheben.

Die Löffelbiskuits ganz kurz mit der gezuckerten Seite in den Espresso (Kaffee) tunken (dabei nur wenig Flüssigkeit aufnehmen lassen) und den Boden einer flachen Auflaufform von etwa 25 x 20 cm damit auslegen.

Eine Schicht der Creme darübergeben, dann eine Schicht Löffelbiskuits, zuletzt mit einer Schicht Creme bestreichen.

Das Tiramisu für mehrere Stunden in den Kühlschrank geben. Kurz vor dem Servieren Kakaopulver darübersieben.

4 Eier
100 g Zucker
500 g Mascarpone
4 EL Rum
400 g Löffelbiskuits
200 ml Espresso oder starker Kaffee
Kakaopulver

Satt sein heißt nicht,
dass kein Dessert
mehr reinpasst.

100%
Quality
Inspected
GUARANTEED

MOUSSE AU CHOCOLAT mit Orangensauce

Rezept für 6 Personen
30 Minuten Arbeit
plus ca. 3 Stunden Kühlzeit

6	Eier
450 ml	Sahne
450 g	Bitterschokolade (mit mindestens 70 % Kakaoanteil)
200 g	Zucker
1	Päckchen Vanillezucker
3 EL	Cognac
1	kleine Tasse kalter Espresso (oder starker Kaffee)

Für die Orangensauce:

4	unbehandelte Orangen
50 g	Zucker
	Puderzucker
2 EL	Cointreau

1 Drei Eiweiß steif schlagen und in den Kühlschrank stellen. Sahne steif schlagen und auch in den Kühlschrank geben.

2 Die Schokolade klein hacken und unter ständigem Rühren im Wasserbad oder in einem Topf bei schwacher Temperatur schmelzen. Vom Herd nehmen.

3 Den Zucker, den Vanillezucker und sechs Eigelb mit dem Handrührgerät schaumig rühren, den Cognac und den Espresso dazugeben. Die Schokolade untermischen und abkühlen lassen.

4 Das Eiweiß und die Sahne vorsichtig unter die Schokoladenmischung heben. In eine Schüssel füllen und für einige Stunden in den Kühlschrank stellen.

5 Mit einem Eiskugellöffel Kugeln formen, diesen zwischendurch in ein Glas mit heißem Wasser tauchen, damit die Kugeln eine schöne Form bekommen. Die Kugeln in Servierschälchen verteilen.

Orangensauce

6 Von zwei Orangen die Schale in sehr feinen Zesten abreißen, diese mit kochendem Wasser kurz überbrühen und mit dem Zucker bestreuen.

7 Alle Orangen auspressen, den Saft in einem Topf aufkochen lassen. Mit etwas Puderzucker einkochen lassen und den Cointreau einrühren.

8 Die Sauce um die Moussekugeln geben und die Orangenzesten darüber verteilen.

Rezept für 6 Personen
10 Minuten Arbeit
plus 1 Tag Kühlzeit

Minzcreme

Die Sahne in einem Topf langsam erwärmen und die After-Eight-Plättchen unter ständigem Rühren darin schmelzen. Die Minzcreme für 15 Minuten ins Gefrierfach stellen.

Den Quark in einer Schüssel cremig rühren.

Die Minzmasse cremig aufschlagen und das Sahnesteif dazugeben. Den Quark mit einem Löffel unterrühren und die Creme bis zum Servieren in den Kühlschrank stellen.

Am nächsten Tag für jeden Gast eine Portion in einen Teller oder eine kleine Schüssel geben, ein Plättchen After Eight in die Creme geben und mit Minzeblättchen verzieren.

Tipps: Ein perfektes Dessert für heiße Sommertage und als Mitbringsel. Vor dem Servieren nochmals für 15 Minuten ins Tiefkühlfach stellen und dann mit Löffeln Nocken ausstechen oder Eiskugeln formen. Die Creme eignet sich auch als Füllung für eine Biskuittorte.

300 ml	Sahne
150 g	Minzschokolade (ca. 15 After-Eight-Plättchen plus 6 für die Garnitur)
375 g	Sahnequark
1 1/2	Päckchen Sahnesteif
	Minzeblätter, gewaschen

cool

Das Auge isst mit!

Rezept für 6 Personen
20 Minuten Arbeit

Bratäpfel

Den Backofen auf 180 °C Unter-/Oberhitze vorheizen, die Rosinen in Apfelwein oder -saft einweichen.

Die Äpfel waschen und trockenreiben, Stiele entfernen und Kerngehäuse vorsichtig herausschneiden. Das Innere mit dem Saft der Zitrone beträufeln.

Eine feuerfeste Form mit etwas Butter ausstreichen. Die Rosinen abtropfen lassen, den Apfelwein oder -saft in die Form gießen. Die Mandelblättchen grob hacken, mit der restlichen Butter, den Rosinen und dem Honig verrühren und mit Zimtpulver und der abgeriebenen Zitronenschale würzen.

Die Äpfel in die Form setzen und mit der Mischung füllen. Knapp 20 Minuten im Backofen auf der mittleren Schiene braten.

Tipp: Servieren Sie die Äpfel mit warmer Vanillesauce.

50 g	Rosinen
125 ml	Apfelwein oder Apfelsaft
6	feste säuerliche Äpfel (Boskop)
1	unbehandelte Zitrone
60 g	Butter
50 g	Mandelblättchen
2 EL	Honig
1 Prise	Zimtpulver

Rezept für
6 Personen
5 Minuten Arbeit

Feigen
mit Roquefortsauce

Den Blauschimmelkäse in kleine Stücke schneiden und in einem kleinen Topf unter Rühren bei niedriger Temperatur langsam schmelzen. Die Crème fraîche hinzugeben und unter Rühren gemeinsam mit dem Käse lauwarm werden lassen.

Die Feigen gründlich waschen. Von jeder Feige die Spitze knapp abschneiden und die Früchte von oben senkrecht und waagrecht einschneiden, aber nicht ganz durchschneiden. Die Spalten vorsichtig auseinanderdrücken.

Die Feigen auf kleine Teller legen und mit der warmen Käsesauce übergießen.

Mit warmem Baguette servieren.

150 g Roquefort (oder Gorgonzola)
200 g Crème fraîche
6 große reife Feigen

excellent

Das Essen ist einer der vier Zwecke des Daseins. Welches die anderen drei sind, darauf bin ich noch nicht gekommen.

Charles de Montesquieu

Rezept für 6 Personen

Käseplatte

Den reifen Käse im Kühlschrank aufbewahren und erst etwa 2 Stunden vor dem Verzehr herausnehmen, damit er sein ganzes Aroma entfalten kann. Die Verpackung erst kurz vor dem Servieren entfernen (außer bei Roquefort, der schon etwa 4 Stunden vorher atmen sollte).

Wenn die Käseplatte schon Stunden vorher angerichtet wird, sollte man den Käse mit einem angefeuchteten Baumwolltuch bedecken.

Tipps: Mehrere Käsemesser (für Weich- und Hartkäse) bereitlegen. Reichen Sie verschiedene Brotsorten dazu, die Sie kurz vor dem Servieren in schräge Scheiben schneiden.
Zur Dekoration passen Früchte wie Feigen und Weintrauben, dazu kann als geschmackliches Extra Feigensenf gereicht werden.

Für eine feine und ausgewogene Käseplatte können zum Beispiel folgende Käsesorten verwendet werden:

Hartkäse (Comté, Cantal, Emmentaler, Chester …)

Schnittkäse (Fontina, Gouda, Appenzeller …)

Weichkäse (Brie, Camembert, Weinkäse, Reblochon, Coulommiers, Roquefort …)

Ziegenkäse (Crottin de Chavignol, Tomme de chèvre, Chevrotin …)

REGISTER

F

G

H

K

L

BILD-NACHWEIS

Umschlag: (www.fotolia.com/ultramarin; www.fotolia.com/blin ink)
Innenteil:
Fotolia (www.fotolia.com): Fotorahmen durchlaufend (tuja66), Schmuckelemente Plaketten durchlaufend (blinkblink), Vor- und Nachsatz, 5, 7, 8/9, 10,22/23, 31, 38, 39, 76/77, 100, 101, 146/147, 156/157 (ultramarin), 5, 6, 32, 52, 64, 124, 132, 136, 154 (pico), 7, 8, 22/23, 33, 53, 65, 76/77, 101, 125, 133, 137, 146/147, 155 (artikularis), 5, 32, 52, 55, 64, 124, 132, 136, 154 (arturaliev), 11 (Jag_cz), 17 (ppart), 19 (ZINQ Stock), 44/45 (Yellowj), 82/83 (Joe Gough);
Shutterstock (www.shutterstock.com): Fotorahmen durchlaufend (rangizzz), 3, 4/5, 6, 9, 10/11, 12/13, 14, 16, 18/19, 20, 30/31, 38/39, 46/47, 54, 76/77, 84/85, 90/91, 100/101, 106/107, 114/115, 122/123, 130/131, 138/139, 144/145, 162/163, 168/169, 174/175 (LiliGraphie), 5, 36 (sarsmiss), 11 (Andrelix), 11 (Africa Studio), 13 (Magdalena Paluchowska), 13 (Adriana Nikolova), 13 (Iasmina Calinciuc), 15 (Yganko), 15 (Shebeko), 17 (ppart), 19, 146, 160/161 (bernashafo), 21 (j-paul), 21 (Dasha Petrenko), 22, 26, 124/125 (CGissemann), 24 (Smit), 24/25 (teleginatania), 27 (Ariene Studio), 28 (Tatuasha), 28/29 (margouillat photo), 31 (RazoomGame), 32/33 (Digivic), 34 (alenas), 34 (Karl Allgaeuer), 36 (Daniel Gilbey Photography – May portfolio), 40/41 (Christian Jung), 40 (Salvatore Chiariello), 42/43 (Stokkete), 42/43 (ilolab), 44/45, 64/65 (Wiktory), 46/47 (Yair Leibovich), 46, 74/75, 114/115, 130, 131, 177 (Frank Rohde), 48/49 (Jessmine), 48/49 (Stephanie Frey), 50 (Wolna), 50 (Elena Schweitzer), 52/53 (mayer kleinostheim), 54/55, 140/141 (Mathias Rosenthal), 55 (Everett Collection), 56/57 (Jiri Hera), 56/57 (Yulia Davidovich), 58 (Lesya Dolyuk), 58 (Anna Hoychuk), 60/61 (LeksusTuss), 61 (Elena Sikorskaya), 62/63, 81 (Magdalena Paluchowska), 62/63 (Raffaella Calzoni), 66 (Simone Andress), 67 (jeehyun), 68/69, 168/169 (Genotar), 69 (ChameleonsEye), 70 (Maria Komar), 70 (marylooo), 72/73 (Holyhikaru), 72/73 (DUSAN ZIDAR), 74/75 (BrAt82), 76, 112/113 (Foodio), 78, 128, 160/161 (Gayvoronskaya_Yana), 78 (eskymaks), 80 (Lilyana Vynogradova), 82/83 (siamionau pavel), 86, 104/105 (HLPhoto), 88 (travellight), 89 (Alex Hubenov), 91, 166/167 (Vinko93), 92, 120/121 (Natalia Mylova), 93 (Valentina Proskurina), 94 (Frank Gaertner), 94 (Marina Grau), 96 (Robyn Mackenzie), 97 (Paul Cowan), 98/99 (Gyuszko-Photo), 98/99 (bonchan), 101 (signature photos), 102 (Joe Gough), 102 (Silvia Bodganski), 104/105 (Stocksnapper), 106/107 (Christophe BOISSON), 108 (Petr Jilek), 109 (Elena Elisseeva), 110 (Foodpictures), 111 (witty food), 112/113 (Vitaly Korovin), 115 (Nailia Schwarz), 116 (gorillaimages), 117 (elena moiseeva), 118 (Dmitry_Tsvetkov), 119 (oksana2010), 120/121 (Monika Hunackova), 122/123 (Jasonash), 123 (Oliver Hoffmann), 126 (Rcosmin), 130 (Jill Chen), 132/133 (Jiri Hera), 134/135 (eelnosiva), 134/135 (Tanor), 136/137 (Monkey Business Images), 138/139 (Nik Merkulov), 139 (Pressmaster), 140/141 (Mi.Ti.), 142 (TwilightArtPictures), 143 (aboikis), 145 (Carlos Horta), 148/149 (RBerger), 150/151 (Barbara Neveu), 150/151, 172/173 (Dream79), 152/153 (Liv friis-larsen), 152/153 (luckypic), 154/155 (A.L.), 157 (Jane Rix), 158/159 (Marysckin), 158/159 (Jiri Flogel), 162 (Juice Team), 162/163 (-=Mad Dog=-), 164 (joannawunk), 166/167 (kzww), 169 (Kzenon), 170/171 (JGPhoto76), 170/171 (Solveig), 172/173 (Aleksander Mijatovic), 176/177 (foodiepics).

Ebenfalls erhältlich ...

ISBN 978-3-86244-503-5

ISBN 978-3-86244-213-3

ISBN 978-3-86244-318-5

ISBN 978-3-86244-382-6